BIBLIOTHÈQUE
DE PHILOSOPHIE CONTEMPORAINE

LA PSYCHOLOGIE

DU

RAISONNEMENT

RECHERCHES EXPÉRIMENTALES PAR L'HYPNOTISME

PAR

ALFRED BINET

PARIS

ANCIENNE LIBRAIRIE GERMER BAILLIÈRE ET Cⁱᵉ

FÉLIX ALCAN, ÉDITEUR

108, BOULEVARD SAINT-GERMAIN, 108

1886

LA

PSYCHOLOGIE DU RAISONNEMENT

A LA MÊME LIBRAIRIE

Tours. — Imprimerie E. Arrault et Cie.

LA PSYCHOLOGIE

DU

RAISONNEMENT

RECHERCHES EXPÉRIMENTALES PAR L'HYPNOTISME

PAR

ALFRED BINET

PARIS

ANCIENNE LIBRAIRIE GERMER BAILLIÈRE ET Cᶦᵉ

FÉLIX ALCAN, ÉDITEUR

108, BOULEVARD SAINT-GERMAIN, 108

1886

AU DOCTEUR CHARLES FÉRÉ

Médecin de la Salpêtrière

Son ami,

A. B.

LA PSYCHOLOGIE DU RAISONNEMENT

CHAPITRE PREMIER

DÉFINITION DE LA PERCEPTION

On connaît les modifications profondes qu'a subies, il y a quelques années, la théorie de la preuve, théorie posée par Aristote et tenue pendant deux mille ans pour une vérité inattaquable. Selon les logiciens anciens, qu'est-ce qu'une preuve ? C'est un syllogisme, c'est-à-dire un groupe de trois propositions, dont la première est générale. Dans le syllogisme « Tous les hommes sont mortels, Paul est homme, donc Paul est mortel », la conclusion particulière que Paul, actuellement vivant, est soumis à la mort, est prouvée par la majeure « tous les hommes sont mortels » parce qu'elle est *contenue* dans la majeure. Tel est le nerf de la preuve : le cas particulier est considéré comme prouvé quand il est contenu dans le cas général, comme

un petit cercle dans un cercle plus grand (1), et, par conséquent, le raisonnement est faux toutes les fois que la conclusion n'est pas contenue dans les prémisses. Stuart Mill a
démontré le premier que s'il en était réellement ainsi, si
la conclusion était contenue dans les prémisses, le raisonnement ne servirait à rien, il n'apprendrait rien, il ne
serait pas un instrument de découverte, mais une répétition sous une autre forme d'une connaissance déjà
acquise, c'est-à-dire « une solennelle futilité ». La seule
opération utile consiste à joindre à un fait un second fait
non contenu dans le premier.

Cependant il est admis que le raisonnement nous fournit
chaque jour la connaissance de vérités neuves. Nous apprenons une vérité neuve lorsque nous découvrons que Paul
est mortel, et nous la découvrons par la vertu du raisonnement, puisque, Paul étant encore en vie, nous n'avons
pu l'apprendre par l'observation directe (2). Aussi Stuart
Mill a-t-il remplacé la théorie scolastique et purement
nominale de la preuve par une autre théorie, toute positive. Il iui a suffi de remarquer que la majeure du syllogisme
péripatéticien n'est pas une proposition générale, ou du
moins que la proposition générale n'est pas la preuve de
la conclusion. Si nous avons le droit d'affirmer que Paul est
mortel, c'est parce que Jean, Thomas et compagnie sont
morts; c'est parce que tous les ancêtres de Paul et toutes
les personnes qui leur étaient contemporaines sont morts.
Ces faits nombreux, mais toujours particuliers, sont les
vraies prémisses du raisonnement, les vraies preuves de la

---

(1) Euler, matérialisant cette conception, a représenté le syllogisme
par trois cercles ayant chacun une extension différente et contenus l'un
dans l'autre. *Lettres à une princesse d'Allemagne*, partie II, lettres
34 et seq.
(2) Mill, *Logique*; cf. Taine, *le Positivisme anglais*, p. 43 ; Brochard,
Logique de Stuart Mill (Revue philosophique, tome XII) et Paul Janet,
(*ibid.*).

conclusion, de sorte que la conclusion n'est pas contenue dans les prémisses, elle en est distincte, elle y ajoute quelque chose de plus.

Cette conception si juste, si simple, si naturelle explique comment le raisonnement constitue un développement de la connaissance, puisque toute inférence va du particulier au particulier, et ajoute ainsi des faits nouveaux non observés aux faits déjà connus. Mais ce point de vue a fait surgir un problème qui ne s'était pas encore posé, et qui est resté jusqu'ici sans solution. Comment un fait particulier peut-il prouver un autre fait particulier ? L'ancienne théorie du syllogisme avait le mérite de faire comprendre, quoique par une comparaison grossière, de quelle façon la conclusion était démontrée. Elle était démontrée parce qu'elle était contenue dans une vérité plus générale, par un phénomène analogue à l'emboîtement des germes, et tout l'effort de l'esprit, en raisonnant, était de tirer, de faire sortir, d'extraire ces conclusions des prémisses, qui les enfermaient comme de grandes boîtes. Mais du moment qu'il faut cesser de considérer les termes comme se contenant les uns les autres, et que les cercles d'Euler ne représentent plus les opérations de l'esprit, force est de trouver une nouvelle théorie de la démonstration.

Nous avons pensé qu'on parviendrait peut-être à résoudre ce problème, en étudiant le raisonnement dans une de ses formes qui est, plus que toute autre, accessible à la méthode expérimentale : la perception des objets extérieurs.

Le raisonnement de la perception extérieure appartient à la classe des raisonnements *inconscients*. Mais nous attachons peu d'importance à ce caractère ; car il n'existe en réalité qu'une seule manière de raisonner, et l'étude du raisonnement inconscient nous conduira à des conclusions qui s'appliquent à toutes les espèces de raisonnements. Ces conclusions sont : que l'élément fondamental

1*

de l'esprit est l'image; que le raisonnement est une organisation d'images, déterminé par les propriétés des images
seules et qu'enfin il suffit que les images soient mises
en présence pour qu'elles s'organisent et que le raisonnement s'ensuive avec la fatalité d'un réflexe. Désirant mettre
cette conclusion générale en pleine lumière, nous écarte-
rons systématiquement tous les développements accessoires dont les occasions abondent dans un sujet tel
que le nôtre.

Le mot *perception* est assez vague. Les médecins confondent en général la perception avec la sensation ; ils disent
de tel malade qu'il a perdu la perception du rouge ou du
bleu, en voulant parler de la sensation de ces couleurs. Hume
appelait perception tous les états de conscience. De nos jours,
certains psychologues, M. Janet, entre autres, définissent
la perception l'acte par lequel l'esprit distingue et identifie
des sensations. Nous accepterons dans ce livre la définition des psychologues anglais (1) et nous désignerons par
perception l'acte qui se passe lorsque notre esprit entre en
rapport avec les objets extérieurs et présents.

Pour le sens commun, la perception est un acte simple ;
c'est un état passif, une sorte de réceptivité. Percevoir un
objet extérieur, par exemple notre main, c'est tout simplement avoir conscience des sensations que l'objet produit
sur nos organes. Cependant quelques exemples suffiront à
montrer que, dans toute perception, l'esprit ajoute constamment aux impressions des sens. Tout le monde sait que
nous entendons nettement les paroles d'un chant connu
tandis que, souvent, nous ne distinguons pas celles d'un
chant inconnu, alors même que les deux chants sont
donnés par la même voix, ce qui prouve bien l'apport de
l'esprit. Au lieu de chercher des exemples, on peut créer
des preuves. M. Wundt et ses élèves ont fait quelques

---

(1) Bain, *les Émotions et la volonté*, trad. Le Monnier, p. 538.

expériences à ce sujet. On éclaire par une série d'étincelles électriques un dessin inconnu, une gravure, et l'on remarque que la perception de ce dessin, très confuse aux premières étincelles, devient de plus en plus distincte. L'impression produite sur la rétine est pourtant la même à chaque étincelle ; mais chaque fois la perception est complétée, précisée, grâce au souvenir formé dans l'esprit par les perceptions précédentes (1). On pourrait ajouter encore quelques exemples tirés de la perception de l'espace, dont la nature complexe et dérivée nous est connue depuis Berkeley.

La perception est donc un état mixte, un phénomène cérébro-sensoriel formé par une action sur les sens et une réaction du cerveau. On peut la comparer à un réflexe dont la période centrifuge, au lieu de se manifester au dehors par des mouvements, se dépenserait à l'intérieur en éveillant des associations d'idées. La décharge suit un canal mental au lieu de suivre un canal moteur.

Mais la psychologie exige plus de précision. Il ne suffit pas de dire que, dans toute perception, il y a des sensations et quelque chose de plus, que l'esprit ajoute aux sensations. Quelle est la nature de ce supplément ? Rien ne répond mieux à cette question que l'étude des illusions des sens. On sait aujourd'hui que, dans les illusions des sens, l'erreur n'est pas imputable à l'organe sensitif, comme le croyaient les anciens, mais à l'esprit. L'illusion est un phénomène mixte, composé, comme la perception sensorielle dont elle est une contrefaçon, par le concours des sens et de l'esprit ; les impressions des sens sont toujours ce qu'elles doivent être, étant donné la nature de l'excitant extérieur et l'état de l'organe sensitif. C'est dans le concours de l'esprit, dans l'interprétation des sensations que gît l'erreur.

(1) Expériences citées par M. Lachelier (*Revue philosophique*, février 1885.)

Or l'examen de quelques illusions suffira pour montrer en quoi consiste ce concours de l'esprit, et ce qu'il faut entendre par une interprétation des sensations.

Un de mes amis, aujourd'hui professeur de Faculté, m'a conté cette histoire de sa jeunesse. Un soir qu'il voyageait seul à pied dans un pays coupé de grands bois, il aperçut, dans une clairière, un grand feu allumé. Puis, aussitôt après, autour de ce feu, il vit un campement de bohémiens. Ils étaient là, avec leur figure bronzée, couchés à terre, et faisant cuire la marmite. La nuit était noire, et l'endroit fort isolé. Notre jeune homme eut peur, il perdit complètement la tête, et, brandissant le bâton qu'il tenait à la main, il se précipita avec fureur dans le camp des bohémiens. Un instant après, il se trouvait au milieu d'une mare, serrant convulsivement entre ses bras un tronc d'arbre, et sentant la fraîcheur de l'eau qui lui montait jusqu'à mi-jambes. Il vit alors un feu follet qui voltigeait sur la surface de la mare ; c'était ce point brillant qui avait été le point de départ de son illusion sensorielle.

Je dois à un autre de mes amis, le Dr G. A., le récit suivant : Un jour qu'il remontait la rue Monsieur-le-Prince, à Paris, il crut lire sur la porte vitrée d'un restaurant les deux mots : « *verbascum thapsus.* » On sait que c'est le nom scientifique d'une scrofularinée de nos pays, qu'on appelle vulgairement le bouillon blanc. Mon ami avait passé les jours précédents à préparer un examen d'histoire naturelle ; sa mémoire était encore surchargée de tous ces noms latins qui rendent l'étude de la botanique si fastidieuse. Surpris de l'inscription qu'il venait d'apercevoir, il revint sur ses pas pour en vérifier l'exactitude, et alors il vit que la pancarte du restaurant portait le simple mot bouillon. Ce mot avait suggéré dans son esprit celui de bouillon blanc, qui à son tour avait suggéré celui de *verbascum thapsus.*

Voilà deux exemples topiques. Ils nous montrent de

quelle étoffe est l'élément que l'esprit ajoute à la sensation, dans la perception des objets extérieurs. Cet élément doit ressembler étrangement à des sensations, puisqu'on ne l'en distingue pas. Le jeune homme qui traverse un bois croit réellement *voir* devant lui une troupe de bohémiens ; toute cette fantasmagorie sort d'un cerveau que la peur fait délirer, c'est un phénomène psychique qui, quelle qu'en soit la nature, est bien près de la sensation, puisqu'il en fait l'office. De même le Dʳ A. croit voir écrit sur la porte d'un restaurant des mots qui n'existent que dans son esprit ; pour que cette confusion soit possible, il faut, encore une fois, que l'esprit ait le pouvoir de produire, de fabriquer, et d'extérioriser certains simulacres qui ressemblent d'une manière frappante à des sensations.

Ces pseudo-sensations ont attiré depuis quelques années l'attention spéciale des psychologues. On les appelle en Allemagne des *représentations*. En France, le terme qui a prévalu est celui d'*Images* ; c'est celui dont nous nous servirons.

La conclusion de cette courte introduction sera une définition de la perception sensorielle : La perception est le processus par lequel l'esprit complète une impression des sens par une escorte d'images.

Ce sont ces images que nous commencerons par étudier. Leur rôle est des plus importants ; dans bien des cas, elles effacent presque complètement la conscience des sensations qui leur ont donné naissance ; c'est ce qui a permis à Helmholtz de comparer la perception des objets extérieurs à une interprétation de signes. Les signes, ce sont les sensations ; notre esprit ne leur prête que juste l'attention nécessaire pour en tirer le sens. La perception du monde extérieur est comme la lecture d'un livre ; préoccupé par le sens, on oublie les caractères écrits aussitôt après les avoir vus. Plusieurs exemples intéressants font foi de cette négligence des sensations. Nous voyons ordinairement les arbres et forêts éloignés, en vert, et les lignes de montagnes en gris-bleu; le gris-bleu est pour nous la couleur des lointains. Mais si, changeant les conditions de l'observation, nous regardons le paysage par dessous les bras ou entre les jambes, aussitôt les couleurs perdent leurs relations avec les distances des objets, elles apparaissent pures, avec leurs nuances véritables. Nous reconnaissons alors que le gris-bleu des lointains est souvent un violet assez saturé, que le vert de la végétation se transforme insensiblement en ce violet en passant par le vert bleu, et ainsi de suite (Helmholtz). La différence vient de ce que, dans ces conditions, les sensations sont appréciées en elles-mêmes, et non comme des signes qui n'ont d'importance que par les images qu'ils suscitent.

Passons à l'étude de ces images.

CHAPITRE II

I

Nous n'avons pas l'intention de donner ici une théorie complète des Images; c'est une tentative qui nous paraît prématurée; à plusieurs égards, la question n'est pas mûre. Mais nous ne pouvons nous dispenser de consacrer quelques pages à l'étude de ces intéressants phénomènes; car la connaissance de la nature des images ne peut manquer d'éclairer le problème du mécanisme du raisonnement. En somme, ce sont les images qui constituent, avec les sensations, les matériaux de toutes nos opérations intellectuelles; la mémoire, le raisonnement, l'imagination sont des actes qui consistent, en dernière analyse, à grouper et coordonner des images, à en saisir les rapports déjà formés, et à les réunir dans des rapports nouveaux. « De même que le corps est un polypier de cellules, a dit M. Taine, l'esprit est un polypier d'images. »

Il n'y a pas longtemps que l'on paraît s'être mis d'accord sur la nature psychologique des images. Quelques auteurs anciens, il est vrai, avaient déjà vu ce qui a échappé à nombre de nos contemporains. Aristote disait qu'on ne peut penser sans une *image sensible*. Mais beaucoup de bons esprits répugnaient à admettre que la pensée a besoin de signes matériels pour s'exercer. Il leur semblait que ce serait faire une concession au matérialisme. En 1865, à l'époque où une grande discussion sur les hallucinations eut lieu au sein de la Société médico-psychologique, le philosophe Garnier et des aliénistes éminents, tels que Baillarger, Sandras et d'autres encore soutenaient qu'un abîme infranchissable sépare la conception d'un objet absent ou imaginaire — autrement dit l'image — et la sensation réelle produite par un objet présent; que ces deux phénomènes diffèrent non seulement en degré, mais en nature, et qu'ils se ressemblent tout au plus comme « le corps et l'ombre ». Il est curieux de faire un rapprochement entre l'opinion de ces auteurs et les réponses que Galton obtint autrefois d'un grand nombre de savants, lorsqu'il commença sa vaste enquête sur les Images mentales (Mental Imagery). Il demandait dans un questionnaire qu'il fit circuler si on avait le pouvoir de se représenter mentalement, par une sorte de vision interne, les objets absents — il prenait un exemple bien anglais : l'aspect du déjeuner servi — et si cette représentation toute subjective avait des caractères communs avec la vision externe. Tandis que des personnes peu instruites, des femmes, lui fournirent des réponses très intéressantes sur la nature de la vision mentale, les savants auxquels il s'adressa refusèrent de croire à cette faculté, qui leur paraissait une simple figure de langage.

Les choses ont changé depuis cette époque. Psychologues et physiologistes — MM. Taine et Galton au premier rang (1) — ont travaillé à fixer la nature des images, leur

(1) Taine, *De l'intelligence*, livre II; Galton, *Inquiries into human faculties*, p. 83.

siège cérébral, leurs relations avec les sensations. Ils ont
démontré que chaque image est une sensation spontanément renaissante, en général plus simple et plus faible
que l'impression primitive, mais capable d'acquérir, dans
des conditions données, une intensité si grande qu'on
croirait continuer à voir l'objet extérieur. On trouvera
dans les ouvrages spéciaux la démonstration complète de
ces vérités, qui de nos jours ont fini par devenir banales ;
elles ne servent plus qu'à défrayer les traités psychologiques de second ordre.

Remarquons en passant que cette théorie de l'image n'a
rien de matérialiste ; elle rapproche l'image de la sensation, elle en fait une sensation conservée et reproduite.
Or, qu'est-ce que la sensation ? Ce n'est pas un fait matériel, c'est un état de conscience, comme une émotion ou
un désir. Si on est tenté de voir dans la sensation un fait
matériel, c'est parce qu'elle a un corrélatif physiologique
très apparent, l'excitation produite par l'objet extérieur sur
l'organe des sens et transmise au cerveau. Mais on sait que
tous les phénomènes de l'esprit sont accompagnés d'un
phénomène physiologique. C'est la loi. A ce point de vue,
la sensation et l'image ne diffèrent pas des autres états de
conscience.

Le développement des images est très variable. Il varie,
selon Galton, avec les races ; les Français, dit-il, paraissent
posséder ce don, comme l'attestent leur talent à organiser
les cérémonies et les fêtes, leur aptitude pour la stratégie,
et la clarté de leur langage ; *figurez-vous* est un mot qui
revient souvent en français. L'âge et le sexe paraissent
également avoir de l'importance. Le pouvoir de visualiser
est plus développé chez les enfants que chez les adultes,
chez les femmes que chez les hommes. Il y a probablement des enfants, dit Galton, qui passent des années de
difficulté à distinguer le monde objectif du monde subjec-
tif, — c'est-à-dire les sensations des images.

Mais il importe, avant toute chose, de distinguer les différentes espèces d'images, qui sont aussi nombreuses que les différentes espèces de sensations. Chaque sens a ses images; il y en a par conséquent de visuelles, d'auditives, de tactiles, de motrices, etc. — Nous pouvons, lorsque nous exerçons notre mémoire sur un objet, employer cumulativement toutes ces espèces d'images, ou ne recourir qu'à une seule espèce. Chaque personne a ses habitudes qui dérivent de la nature de son organisme.

Il faut donc distinguer plusieurs variétés d'individus, plusieurs types (1). L'expérience vulgaire a fait depuis longtemps cette distinction en ce qui concerne la mémoire; on a reconnu que chez le même homme il y a souvent une inégalité naturelle des diverses formes de la mémoire : telle personne se souvient surtout des sons, telle autre des couleurs, une troisième des chiffres et des dates, etc. La pathologie a confirmé l'indépendance de ces mémoires partielles en montrant que les unes peuvent disparaître en laissant les autres intactes. C'est ainsi qu'un homme peut perdre la seule mémoire des mots, ou oublier une seule langue, ou être privé seulement de sa mémoire musicale, etc. M. Ribot a fait une étude très complète de ces amnésies partielles.

Nous sommes ainsi préparés à l'étude des types sensoriels. Il faut comprendre que cette inégalité des genres de mémoires tient à une cause plus générale, à l'inégalité des genres d'images; que les individus qui ont une bonne mémoire visuelle, par exemple, sont ceux chez lesquels les images visuelles prédominent, que par conséquent ce n'est pas seulement la mémoire visuelle qui fait saillie chez eux, c'est encore le raisonnement visuel, l'imagination visuelle, etc., etc. On peut les appeler des *visuels*.

---

(1) L'idée de distinguer plusieurs types sensoriels appartient à M. Charcot, qui l'a exposée dans ses leçons sur l'Aphasie, à la Salpêtrière.

De là plusieurs types, caractérisés par la prédominance d'un ordre d'images dans les habitudes de l'esprit.

Un des types les plus communs est sans contredit le *type indifférent*. Les personnes qui en font partie n'ont pas une espèce d'image plus développée que les autres. Quand elles cherchent à se rappeler un individu, elles voient dans leur esprit la forme et la couleur de sa figure aussi nettement qu'elles entendent le son de sa voix. La mémoire visuelle est égale à la mémoire auditive ; ces deux mémoires peuvent d'ailleurs être très développées, ou être restées rudimentaires, mais en tout cas elles se valent. L'*indifférent* emploie aussi dans ses raisonnements, dans ses imaginations, dans ses rêves, les diverses espèces d'images en proportion égale. Ce type est peut-être le plus fréquent ; c'est le type normal, dont il faut chercher à se rapprocher, car il suppose un développement harmonieux de toutes les fonctions sensorielles.

A côté du type [indifférent, il faut ranger le *type visuel*, qui est aussi très commun. Un grand nombre de personnes font un usage presque exclusif des images visuelles ; si, par exemple, elles pensent à un ami, elles voient sa figure et n'entendent point sa voix ; quand elles cherchent à apprendre par cœur la page d'un livre, elles se gravent dans la mémoire l'image visuelle de la page avec ses caractères, et en la *récitant*, par cœur, elles ont devant les yeux de leur esprit cette image, et la lisent. Quand elles se rappellent un air, elles voient distinctement, par le même procédé, les notes de la partition. Mais ce n'est pas seulement leur mémoire qui est visuelle, ce sont toutes leurs autres facultés ; quand elles raisonnent, ou qu'elles font œuvre d'imagination, elles se servent uniquement d'images visuelles. Le développement exclusif de l'esprit dans un seul sens permet au *visuel* d'accomplir des opérations qui sont des tours de force. Il y a des joueurs d'échecs qui, les yeux fermés, la tête tournée contre le mur, conduisent une partie d'échecs. Il est clair, dit M. Taine, qu'à chaque coup la figure de l'échiquier tout entier, avec l'ordonnance des diverses pièces, leur est présente comme dans un miroir intérieur; sans quoi, ils ne pourraient prévoir les suites du coup qu'ils viennent de subir et du coup qu'ils vont commander. Deux amis qui avaient cette faculté faisaient souvent ensemble des parties d'échecs mentales en se promenant sur les quais et dans les rues.— Galton nous rapporte qu'une personne de sa connaissance a l'habitude de calculer avec une règle à calcul imaginaire dont elle lit mentalement la partie qui lui est nécessaire pour chacune de ses opérations. — Beaucoup d'orateurs ont leur manuscrit placé mentalement devant leurs yeux, quand ils parlent en public. Un homme d'État assurait que ses hésitations de parole à la tribune provenaient de ce qu'il était tracassé par l'image de son manuscrit portant des ratures et des corrections. — Certains peintres, dessinateurs, statuaires, après avoir considéré attentivement un modèle, peuvent faire son portrait de mémoire. Horace Vernet et Gustave Doré possédaient cette faculté. Un peintre copia un jour de souvenir un *Martyre de Saint-Pierre*, de Rubens, avec une exactitude à tromper les connaisseurs. Un peintre anglais, cité par Wigan, peignait un portrait en pied, après une seule séance de modèle. Il prenait l'homme dans son esprit, le plaçait mentalement sur la chaise, et toutes les fois qu'il regardait la chaise, il voyait la personne assise. Peu à peu, une confusion se fit dans son esprit; il soutenait que le modèle avait posé réellement, et finalement il devint fou.

Tel est le danger de cette hypertrophie de l'image visuelle. Ceux qui jouissent d'une visualisation aussi intense sont des demi-hallucinés, et il y a cent à parier qu'ils arriveront un jour à l'hallucination complète. Ajoutons que très probablement les visuels sont spécialement prédisposés aux hallucinations de la vue, et conséquemment aux genres de délire dont les hallucinations de la vue sont le symptôme. D'après cette théorie, un visuel pur ne deviendrait jamais un *persécuté*, car dans le délire des persécutions, on ne rencontre en général, selon l'observation de Lasègue, que des hallucinations de l'ouïe. Le persécuté ne voit pas ses persécuteurs, il ne fait que les entendre. Nous verrons plus loin qu'il existe un signe objectif permettant de reconnaître si un individu appartient ou non au type visuel.

Les personnes qui appartiennent au type visuel pur sont exposées, en outre, à un grave danger; lorsqu'elles viennent à perdre, par un de ces accidents que les pathologistes étudient en ce moment avec ardeur, leur faculté de vision mentale, elles perdent tout du même coup; il leur est impossible, ou du moins extrêmement difficile, de faire appel aux autres images, qui sont restées à l'état rudimentaire. Le type indifférent est dans une situation bien meilleure; ce qu'il perd du côté de la vue, par exemple, il le retrouve du côté de l'ouïe; des suppléances se forment entre les différentes espèces d'images.

M. Charcot a rapporté, dans une de ses leçons cliniques, un cas pathologique intéressant, mettant en lumière l'existence du type visuel et montrant l'espèce de désarroi qui survient chez ces sujets quand ils perdent leur faculté de vision mentale. Nous reproduisons, en l'abrégeant un peu, l'observation publiée par M. Bernard (*Progrès médical*, 21 juillet 1883).

« M. X..., négociant à A..., est né à Vienne; c'est un homme fort instruit : il connaît parfaitement l'allemand, l'espagnol, le français, et aussi le latin et le grec classiques. Jusqu'au début de l'affection qui l'a amené près de M. le professeur Charcot, il lisait à livre ouvert les œuvres d'Homère. Il savait le premier livre de l'*Iliade* à ne pas hésiter pour continuer un passage dont le premier vers aurait été dit devant lui.

« Son père, professeur de langues orientales à L..., possède, lui aussi, une mémoire des plus remarquables. Il en est de même de son frère, professeur de droit à W..., d'une de ses sœurs, peintre distingué ; son propre fils, qui est âgé de sept ans, connaît déjà à merveille les moindres dates historiques.

« M. X... jouissait, il y a un an encore, d'une mémoire aussi remarquable. Comme celle de son père et de son fils, c'était surtout une *mémoire visuelle*. La *vision mentale* lui donnait au premier appel la représentation des traits des personnes, la forme et la couleur des choses avec autant de netteté, assure-t-il, et d'intensité, que la réalité même.

« Recherchait-il un fait, un chiffre relatés dans sa correspondance volumineuse et faite en plusieurs langues, il les retrouvait aussitôt dans les lettres elles-mêmes qui lui apparaissaient dans leur teneur exacte, avec les moindres détails, irrégularités et ratures de leur rédaction.

« Récitait-il une leçon alors qu'il était au collège ? Un morceau d'un auteur favori plus tard ? Deux ou trois lectures avaient fixé dans sa mémoire la page avec ses lignes et ses lettres et il récitait en lisant mentalement le passage voulu qui, au premier appel, se présentait à lui avec une grande netteté.

« M. X... a beaucoup voyagé. Il aimait à *croquer* les sites et les perspectives qui l'avaient frappé. Il dessinait assez bien. Sa mémoire lui offrait, quand il le voulait, les panoramas les plus exacts. Se souvenait-il d'une conversation ? Recherchait-il un propos ? Une parole donnée ? Le lieu de la conversation, la physionomie de l'interlocuteur, la scène entière, en un mot, dont il ne recherchait qu'un détail, lui apparaissait dans tout son ensemble.

La *mémoire auditive* a constamment fait défaut à M. X... ou tout au moins elle n'a jamais paru chez lui que sur le second plan. Il n'a jamais eu, entre autres, aucun goût pour la musique.

« Des préoccupations graves lui vinrent, il y a un an et demi, à propos de créances importantes dont le paiement lui paraissait incertain. Il perdit l'appétit et le sommeil ; l'événement ne justifia pas ses craintes. Mais l'émotion avait été si vive qu'elle ne se calma pas, comme il espérait, et un jour M. X... fut frappé brusquement de constater en lui un changement profond. Ce fut d'abord un complet désarroi : Il s'était produit désormais entre son nouvel état et l'état ancien un contraste violent. M. X... se crut un instant menacé d'aliénation mentale, tant les choses lui semblaient nouvelles et étranges autour de lui. Il était devenu nerveux et irritable. En tout cas, la mémoire visuelle des formes et des couleurs avait complètement disparu, ainsi qu'il ne tarda pas à s'en apercevoir, et cette constatation eut pour effet de le rassurer sur son état mental. Il reconnut d'ailleurs peu à peu qu'il pouvait, par d'autres moyens, en invoquant d'autres formes de la mémoire, continuer à diriger convenablement ses affaires commerciales. Aujourd'hui, il a pris son parti de cette situation nouvelle, dont il est facile de faire ressortir la différence avec l'état primitif de M. X... décrit plus haut.

« Chaque fois que M. X... retourne à A..., d'où ses affaires l'éloignent fréquemment, il lui semble entrer dans une ville inconnue. Il regarde avec étonnement les monuments, les rues, les maisons, comme lorsqu'il y arriva pour la première fois. Paris, qu'il n'a pas moins fréquenté, lui produit le même effet. Le souvenir revient pourtant peu à peu, et dans le dédale des rues il finit par retrouver assez facilement sa route. On lui demande la description de la place principale d'A..., de ses arcades, de sa statue : « Je sais, dit-il, que cela existe, mais je n'en puis rien figurer et je ne vous en pourrai rien dire. » Il a autrefois plusieurs fois dessiné la rade d'A..., il essaie aujourd'hui en vain d'en reproduire les lignes principales, qui lui échappent complètement.

« Le souvenir visuel de sa femme, de ses enfants est impossible. Il ne les reconnaît pas plus d'abord que la rade et les rues d'A..., et alors même qu'en leur présence, il y est parvenu, il lui semble voir de nouveaux traits, de nouveaux caractères dans leur physionomie.

« Il n'est pas jusqu'à sa propre figure qu'il oublie. Récemment, dans une galerie publique, il s'est vu barrer le passage par un personnage auquel il allait offrir ses excuses et qui n'était que sa propre image réfléchie par une glace.

« Durant notre entretien, M. X... s'est plaint vivement à plusieurs reprises de la perte visuelle des couleurs. Il en semble préoccupé plus que du reste : « Ma femme a les cheveux noirs, j'en ai la plus parfaite certitude. Il y a pour moi impossibilité complète de retrouver cette couleur en ma mémoire, aussi complète que celle de m'imaginer sa personne et ses traits. »

« Cette amnésie visuelle s'étend d'ailleurs aussi bien aux choses de l'enfance qu'aux choses plus récentes. M. X... ne sait plus rien *visuellement* de la maison paternelle. Ce souvenir lui était très présent autrefois, il l'évoquait souvent.

« L'examen de l'œil a été complètement négatif. M. X... est atteint d'une myopie assez forte de — 7 D. Voici d'ailleurs le résultat de l'examen des fonctions oculaires de M. X... fait avec le plus grand soin par M. le Dr Parinaud, dans le cabinet ophthalmologique de la clinique : Pas de lésions oculaires ni de troubles fonctionnels objectivement observables, si ce n'est toutefois un léger affaiblissement de la sensibilité chromatique intéressant également toutes les couleurs.

« Nous ajouterons qu'aucun symptôme somatique n'a précédé, accompagné, suivi cette déchéance de la mémoire visuelle observée chez notre malade.

« Aujourd'hui, M. X... doit, comme à peu près tout le monde, ouvrir ses copies de lettres pour y trouver les renseignements qu'il désire et il doit les feuilleter comme tout le monde avant d'arriver à l'endroit cherché.

« Il ne se souvient plus que des quelques premiers vers de l'*Iliade* et la lecture d'Homère, de Virgile, d'Horace ne se fait plus pour ainsi dire qu'à tâtons.

« *Il énonce à mi-voix* les chiffres qu'il additionne et ne procède plus que par petits calculs partiels.

« Quand il évoque une conversation, quand il veut se rappeler un propos tenu devant lui, il sent bien que c'est la mémoire auditive qu'il lui faut maintenant consulter, non sans efforts. *Les mots, les paroles retrouvés, lui semblent résonner à son oreille, sensation toute nouvelle pour lui.*

« Depuis ce grand changement survenu en lui, M. X... doit, pour apprendre par cœur quelque chose, une série de phrases par exemple, *lire à haute voix plusieurs fois* ces phrases et affecter ainsi son oreille et, quand il répète plus tard la chose apprise, il a très nettement la sensation de l'*audition intérieure*, précédant l'émission des paroles, sensation qu'il ne connaissait pas autrefois (1).

« Un détail intéressant est que, *dans ses rêves*, M. X... n'a plus comme autrefois la représentation visuelle des choses. Seule, la représentation des paroles lui reste, et celles-ci appartiennent à peu près exclusivement à la langue espagnole. »

Le *type auditif* nous paraît être plus rare que les types précédents : il se reconnaît aux mêmes caractères distinctifs ; les personnes de ce type se représentent tous leurs souvenirs dans le langage du son ; pour se rappeler une leçon, elles se gravent dans l'esprit, non l'aspect visuel de la page, mais le son de leurs paroles. Chez elles, le raisonnement est auditif, comme la mémoire ; par exemple,

(1) Je suis obligé aujourd'hui, écrit M. X..., de *me dire les choses que je veux retenir dans ma mémoire, pendant que j'avais auparavant seulement à les photographier par la vue.*

quand elles font de tête une addition, elles se répètent
verbalement les noms des chiffres, et additionnent en
quelque sorte les sons, sans avoir une représentation du
signe graphique. L'imagination aussi prend la forme auditive. « Quand j'écris une scène, disait Legouvé à Scribe,
j'entends; vous, *vous voyez*; à chaque phrase que j'écris, la
voix du personnage qui parle frappe mon oreille. Vous,
qui êtes le théâtre même, vos acteurs marchent, s'agitent
sous vos yeux; je suis *auditeur*, vous *spectateur*. — Rien de
plus juste, dit Scribe; savez-vous où je suis quand j'écris
une pièce? Au milieu du parterre. » Cité par Bernard, *De*
l'Aphasie, p. 50. Il est clair que l'*auditif pur*, ne cherchant à
développer qu'une seule de ses facultés, peut arriver, comme
le visuel, à de véritables *tours de force* de mémoire;
c'est par exemple Mozart notant de mémoire, après deux
auditions, le *Miserere* de la chapelle Sixtine; Beethoven
sourd, composant et se répétant intérieurement d'énormes
symphonies. En revanche, l'auditif s'expose, comme le
visuel, à de graves dangers; car s'il perd les images auditives, il reste sans ressources; c'est une faillite complète.

Il est possible que les hallucinés de l'ouïe et les individus
atteints du délire de persécution appartiennent au type
auditif; et que la prédominance d'un ordre d'images crée
une prédisposition à un ordre correspondant d'hallucinations — et peut-être aussi de délire.

Il nous reste à parler du *type moteur*, qui est peut-être
le plus intéressant de tous, et qui est, de beaucoup, le
moins connu. Les personnes qui appartiennent à ce type,
les *moteurs*, comme on dit, font usage, pour la mémoire,
le raisonnement et toutes leurs autres opérations intellectuelles, d'images qui dérivent du mouvement. Pour bien
comprendre ce point important, il suffira de se rappeler
que « toutes nos perceptions, et en particulier les importantes, celles de la vue et du toucher, contiennent à titre
d'éléments intégrants des mouvements de l'œil ou des

membres; et que si, lorsque nous voyons réellement un
objet, le mouvement est un élément essentiel,il doit jouer
le même rôle, quand nous voyons l'objet idéalement (1) ».
Par exemple, l'impression complexe d'une boule, qui est là,
dans notre main, est la résultante d'impressions optiques de
l'œil, du toucher, d'ajustements musculaires de l'œil, de
mouvements des doigts, et des sensations musculaires qui
en résultent (2). Lorsque nous pensons à la boule, cette idée
doit comprendre les images de ces sensations musculaires,
comme elle comprend les images des sensations de l'œil et
du toucher. Telle est l'image motrice. Si l'on n'en a pas
reconnu plus tôt l'existence, c'est que la connaissance du
sens musculaire est relativement récente; il n'en était
pas du tout question dans l'ancienne psychologie, où le
nombre des sens était réduit à cinq.

Il y a des personnes qui se souviennent mieux d'un
dessin quand elles en ont suivi les contours avec leur
doigt. Lecoq de Boisbaudran se servait de ce moyen,
dans son enseignement artistique, pour habituer ses élèves
à dessiner de mémoire ; il leur faisait suivre les contours
des figures avec un crayon tenu à distance avec la main,
les obligeant ainsi à associer la mémoire musculaire à la
mémoire visuelle. Galton rapporte un fait curieux qui
vient à l'appui : Le colonel Montcraff, dit-il, a souvent
observé dans l'Amérique du Nord de jeunes Indiens qui,
visitant par occasion ses quartiers, s'intéressaient beaucoup
aux gravures qu'on leur montrait. L'un d'eux suivit avec
soin à l'aide de son couteau le contour d'un dessin contenu
dans l'*Illustrated News*, disant que, de cette façon, il saurait
mieux le découper à son retour chez lui. Dans ce cas,

---

(1) Ribot, *Maladies de la volonté*, p. 7.
(2) M. W. James a montré que ces sensations musculaires sont des
sensations afférentes qui proviennent des muscles contractés, des liga-
ments tendus, des articulations comprimées, etc. *The feeling of effort,*
Boston, 1880.

l'image motrice des mouvements était destinée à renforcer
l'image visuelle : ce jeune sauvage était un moteur.

Ne devrait-on pas généraliser ce procédé et l'appliquer à
l'éducation ? Il est probable que l'enfant apprendrait plus
vite à lire et à écrire si on l'exerçait à tracer les caractères
en même temps qu'à les épeler. C'est un préjugé de croire
qu'on ne peut pas faire bien deux choses à la fois. En faisant marcher ensemble la lecture et l'écriture, on obligerait
les deux mémoires visuelle et motrice à s'associer et à
s'entr'aider comme deux chevaux attelés à la même voi-
ture.

L'image motrice entre, comme élément essentiel, dans
un grand nombre de combinaisons mentales, bien que souvent on ne se doute pas de sa présence. La mémoire d'un
mouvement a pour base des images motrices; quand ces
images sont détruites, on perd le souvenir du mouvement,
et dans certains cas même, ce qu'il y a de plus curieux, on
perd l'aptitude à l'exécuter. La pathologie nous en donne
plusieurs exemples, dans l'aphasie motrice, dans l'agraphie,
etc. Prenons le cas de l'agraphie. Un homme instruit,
sachant écrire, perd tout à coup, brusquement, à la suite
d'accidents cérébraux, la faculté d'écrire ; son bras et sa
main ne sont nullement paralysés, et cependant il ne peut
pas écrire. A quoi tient cette impuissance? Il le dit lui-
même : à ce qu'il ne sait plus. Il a oublié comment il faut
s'y prendre pour tracer des lettres, il a perdu la mémoire
des mouvements à exécuter, il n'a plus les images motrices
qui, lorsqu'il se mettait autrefois à écrire, dirigeaient sa
main. On peut, grâce à l'hypnotisme, varier les exemples
de ces paralysies systématisées, qui ne frappent qu'un
genre particulier de mouvements, laissant les autres intacts
et le bras complètement libre. C'est ainsi qu'on peut faire
perdre, par suggestion, à un hypnotique, la faculté d'accomplir un acte déterminé, comme de fumer, de coudre,
de bro r, de faire des pieds de nez, etc. Nous avons sou-

vent insisté sur l'avantage qu'offre l'hypnotisme, à ce point de vue, pour l'étude de la plupart des troubles moteurs et sensitifs (1).

D'autres malades, frappés de cécité verbale, font précisément usage de ces images motrices pour suppléer à ce qui leur manque d'un autre côté. Si nous accumulons tous ces exemples, c'est que ce sujet est relativement nouveau ; on nous saura gré de réunir quelques faits qui sont éparpillés un peu partout, et d'essayer d'en faire la synthèse. Un individu atteint de cécité verbale ne parvient plus à lire les caractères qu'on lui place sous les yeux, bien que la vision soit intacte, ou suffisante pour permettre la lecture. Cette perte de la faculté de lire est quelquefois le seul trouble qui existe à un certain moment; le malade ainsi mutilé peut cependant arriver à lire mais indirectement, au moyen d'un détour ingénieux, que souvent il trouve de lui-même; il lui suffit de dessiner les caractères avec le doigt pour parvenir à en comprendre le sens. Que se passe-t-il en pareille circonstance? Par quel mécanisme peut-il s'établir une suppléance entre l'œil et la main ? La clef du problème nous est donnée par l'image motrice. Si le malade peut lire, en quelque sorte, avec ses doigts, c'est qu'en décrivant les caractères, il se donne un certain nombre d'impressions musculaires qui sont celles de l'écriture. On peut dire d'un seul trait : le malade lit en écrivant (Charcot); or, l'image motrice graphique suggère le sens des caractères écrits au même titre que l'image visuelle.

Nous venons de voir la place qu'occupe l'image motrice dans le domaine de la vue et dans le domaine du mouvement. Son rôle n'est pas moins grand dans le domaine de l'ouïe. Il y a des personnes pour lesquelles la représenta-

(1) Binet et Féré, *les Paralysies par suggestion* (*Revue scientifique*, juillet 1884).

2*

tion d'un son dans l'esprit est toujours une image motrice
d'articulation. M. Stricker est du nombre ; c'est même lui qui
a fait connaître le premier les particularités de ce sujet. Voici
les principales preuves dont il s'est servi : « Lorsque je me
forme, dit-il, l'image de la lettre P, il se produit dans mes
lèvres la même sensation que si j'allais réellement l'articuler. Si je pense la lettre R, j'éprouve à la base de la langue
la même sensation que si je voulais formellement émettre
cette consonne. Cette sensation, selon moi, constitue l'es-
sence de l'image du son. » Telle est la première preuve ;
la seconde, c'est que l'on ne peut pas se représenter une
lettre lorsqu'en même temps on donne aux muscles servant à l'articuler une position fixe qui ne leur permet pas
d'entrer en action. On ne peut pas penser à la lettre B, qui
est une labiale en tenant la bouche complètement ouverte,
position qui supprime le mouvement des lèvres. Enfin,
troisième preuve, on ne peut pas avoir à la fois la représentation de deux lettres, A et U par exemple, quand les
muscles qui servent à les articuler sont les mêmes. « Qui-
conque, dit-il, est capable de se présenter simultanément,
en astreignant sa respiration à une pause suffisante, les
sons A et U, celui-là a le droit de regarder ma théorie
comme non avenue. Je n'ai pas besoin du reste d'en appeler au jugement du lecteur. Une pareille simultanéité est
absolument impossible puisque les mêmes muscles employés
à la formation de l'image auditive de A, doivent servir
aussi à celle de U. Or, je ne saurais les innerver simultanément, comme il le faudrait néanmoins, d'une manière
pour le son A et d'une autre manière pour le son U. »
    Pour rendre ceci tout à fait clair, il faut remarquer que
M. Stricker ne s'occupe point dans ces expériences de
l'image visuelle des lettres ; il est évident, par exemple,
qu'on peut se représenter graphiquement la lettre B, en
ayant la bouche ouverte ; mais ce n'est pas la question.
Par représentation d'une lettre, M. Stricker a entendu par-

ler uniquement de la représentation auditive, de celle qui constitue la parole intérieure. Cet auteur soutient que ce qu'on prend pour une image auditive, c'est-à-dire pour une répétition affaiblie du son que l'on entend lorsqu'une personne prononce une lettre donnée, n'a rien à faire avec le sens de l'audition ; c'est une image motrice, un commencement d'articulation qui s'arrête avant d'arriver au terme.

Le travail de M. Stricker a soulevé les objections de M. Paulhan qui conteste absolument les faits avancés. M. Paulhan a exécuté tous les *experimentum crucis* posés par M. Stricker, et il constate qu'il peut faire un grand nombre des actes que M. Stricker déclare impossibles. « Je trouve, dit-il, que je puis, tout en *prononçant à haute voix* la lettre A, me représenter mentalement la série des voyelles, et même imaginer une phrase entière ; j'en conclus que puisque dans ces conditions, c'est-à-dire les muscles qui servent à prononcer A étant innervés, l'image motrice des autres voyelles ne peut se produire, j'en conclus, dis-je, que l'image des autres voyelles et des autres paroles n'est pas, *pour moi du moins et ceux qui sentent comme moi*, une image motrice. »

Que prouve cette dissidence ? Tout simplement que les deux observateurs ont des images différentes, et appartiennent à des types différents. A coup sûr, M. Stricker est un moteur ; il l'est à ce point, qu'il ne conçoit même pas que les autres puissent être faits autrement. C'est grâce à l'exagération, à l'énormité que le phénomène présente chez lui qu'il a découvert un fait auquel personne n'avait pris garde. Mais comme on a toujours les défauts de ses qualités, M. Stricker méconnaît complètement le rôle de la vue et de l'ouïe dans le souvenir des mots, et il attribue tout à l'image motrice. Ne va-t-il pas jusqu'à faire cette observation étonnante : « Je n'ai encore rencontré personne qui m'ait dit s'être représenté le contenu d'un article de journal avec les caractères imprimés qui le composaient. On peut

retenir par cœur plusieurs articles, plusieurs phrases, mais en
paroles que l'on prononce intérieurement, et non en
images graphiques des mots que l'on pourrait lire dans la
mémoire, comme sur des feuille imprimées. » On con-
viendra qu'il serait difficile d'écrire quelque chose de
plus faux. Tous les *visuels,* et ils sont nombreux, font ce
que M. Stricker déclare impossible. C'est bien le cas de
remarquer que chacun fait, en philosophant, la théorie de
sa propre nature.

D'autre part, il paraît assez probable que M. Paulhan et
ceux qui sentent comme lui sont des auditifs purs, ou des
indifférents. Telle est la solution, très simple, qu'il con-
vient de donner à ce petit débat (1).

II

La théorie de l'Image en était au point où nous venons
de la laisser, lorsque nous avons abordé, M. Féré et moi,
l'étude de ce phénomène (2) ; nous avons fait intervenir
les expériences d'hypnotisme, qui nous ont permis de
résoudre un certain nombre de questions restées pen-
dantes ; de ces expériences, que nous allons résumer
brièvement, résulte une conséquence importante relativement au siège des images. Jusqu'ici nous nous sommes
abstenu de définir ce siège ; et on pourrait encore soutenir
avec avantage, à s'en tenir à ce qui précède, que l'image
est simplement localisée « dans l'âme » et possède, comme
on a dit, une existence tout élyséenne. Mais il n'en est

(1) Stricker, *le Langage et la Musique,* Alcan, 1885 ; pour la discussion avec M. Paulhan, voir *Revue philosophique,* années 1883 et 1884,
passim.
(2) *Théorie des hallucinations* (*Revue scientifique,* janvier 1885).

pas ainsi ; il existe des faits précis, avérés, incontestables qui démontrent que l'image — ou plutôt le processus nerveux correspondant — a un siège fixe dans le cerveau, que ce siège est le même pour l'image et la sensation, et qu'enfin, pour tout résumer dans une formule unique, *l'image est un phénomène qui résulte d'une excitation des centres sensoriels corticaux.*

Nous allons donc exposer ce qu'on pourrait appeler une théorie physiologique de l'image, ou du moins, si le mot est trop prétentieux, une série d'expériences qui ont trait à la physiologie de l'image. Ces expériences ont été faites dans le laboratoire clinique de M. Charcot, à la Salpêtrière, sur des jeunes filles hystéro-épileptiques, plongées dans le grand hypnotisme d'après les procédés ordinaires et tant de fois décrits (1).

On sait qu'il est possible, pendant certaines phases hypnotiques, et notamment dans le somnambulisme, de provoquer chez les sujets endormis des hallucinations de tous les sens. Ces hallucinations provoquées sont un des symptômes psychiques les plus connus de l'hypnotisme. Le moyen qui sert habituellement à les faire naître est la parole. Lorsque le sujet est convenablement préparé, qu'il est *à point*, il suffit de lui dire avec autorité : Voilà un serpent ! pour qu'il voie le serpent ramper devant lui. Cette hallucination est subjective, personnelle au sujet, par conséquent facilement simulable ; mais elle présente un si grand nombre de caractères objectifs, que l'existence ne peut pas en être mise en doute, au moins dans les cas où ces caractères sont présents. Aussi ne nous arrêterons-nous pas à discuter une fois de plus l'hypothèse de la simulation ; la sincérité du phénomène trouvera ses

---

(1) Pour plus de détails, je renvoie à l'ouvrage que j'ai écrit en collaboration avec le docteur Féré : *le Magnétisme animal* (Bibliothèque scientifique internationale).

preuves au fur et à mesure que nous avancerons dans notre exposition.

Comment l'expérimentateur est-il capable de provoquer des hallucinations par la parole ? Comment se fait-il que le sujet arrive à *voir* un serpent ou un oiseau par cela seul qu'on le lui dit ? Peut-on expliquer ce phénomène ? Et existe-t-il dans la vie normale d'un individu éveillé quelque phénomène analogue ? Telles sont les questions que doit se poser un psychologue, en présence des hallucinations expérimentales. Si nous soulevons ces questions, c'est parce que, en les examinant, nous allons montrer comment les expériences sur les hallucinations peuvent servir à la théorie des Images.

Lorsque, conversant avec une personne éveillée, on lui parle de la couleur rouge, et qu'elle comprend le sens de ce mot, on suscite dans son esprit une image, l'image du rouge, en vertu de l'association que l'éducation a établie entre le mot et l'idée ; mais cette image suscitée est généralement très faible, très pâle ; à peine entrevue, elle disparaît, comme un comparse qui n'a fait que traverser la scène. La parole a provoqué chez la personne éveillée une vision du rouge, mais une vision courte, rapide, défectueuse. Diverses circonstances peuvent rendre la vision plus durable et plus énergique, même pendant la veille. En voici un exemple frappant. On raconte que le soir de l'exécution du maréchal Ney, quelques personnes se trouvaient réunies dans un salon bonapartiste ; tout à coup, la porte s'ouvrit, et le domestique, se trompant sur le nom d'un des arrivants, qui s'appelait M. Maréchal Aîné, annonça, à haute voix : Monsieur le maréchal Ney ! A ces mots, un mouvement d'effroi parcourut la réunion, et les personnes présentes ont raconté depuis que, pendant un instant, elles virent distinctement, dans M. Maréchal, la personne de Ney qui s'avançait, en chair et en os, au milieu du salon. Nous

touchons ici à l'hallucination suggérée, si ce n'en est pas
véritablement une. Pendant l'hypnotisme, les hallucinations
qui naissent de la parole de l'expérimentateur ne recon-
naissent pas un mécanisme différent. L'expérimentateur
excite, avec la voix, le centre auditif de son sujet, et ce
centre une fois éveillé transmet son excitation au centre
visuel, en vertu d'associations dynamiques préétablies.
L'image visuelle surgit alors, et s'impose avec d'autant
plus d'énergie qu'elle règne seule dans la conscience du
malade ; le point de son cerveau qu'on excite est le seul
qui réagisse, et par conséquent il donne son maximum.
Mais faisons abstraction de ces conditions particulières,
qui donnent à l'image évoquée une intensité si considérable,
et la transforment en hallucination. Ce qu'il nous importe
d'établir, c'est ce fait que l'hallucination suggérée de
l'hypnotisme n'est pas un phénomène à part dans l'histoire
de l'intelligence ; qu'il existe au contraire en germe dans
les images qui peuplent notre esprit pendant l'état de
veille, et qu'on peut en définitive se servir de l'hallucination, comme d'un grossissement pour étudier les
propriétés de l'image.

Le premier fait sur lequel nous appellerons l'attention,
au point de vue de la physiologie de l'image, c'est l'effet
de l'achromatopsie ou cécité des couleurs. On sait qu'un
grand nombre d'hystériques présentent une insensibilité
qui s'étend sur toute la moitié du corps et le partage verticalement en deux parties ; cette hémianesthésie s'accompagne le plus souvent d'anesthésies sensorielles plus ou
moins prononcées ; du côté insensible, l'ouïe est affaiblie,
la narine sent mal les odeurs et une moitié de la langue ne
distingue plus les saveurs des mets qu'on y place. Mais ce
qui nous intéresse le plus, actuellement, c'est l'état de
l'œil. Cet organe participe comme les autres à l'insensibilité.
Le plus souvent, on observe un rétrécissement concen-
trique du champ visuel et, en même temps, la perte ou

l'affaiblissement d'une ou plusieurs sensations de couleurs, en d'autres termes de l'achromatopsie. Cette perte des couleurs se fait selon un ordre défini. La couleur qui est perdue la première est le violet ; la seconde est le vert ; cet ordre est constant pour toutes les malades ; relativement aux autres couleurs, il faut établir deux catégories, qui sont à peu près aussi nombreuses ; dans l'une, les malades perdent successivement le violet, le vert, le rouge, le jaune et le bleu ; dans l'autre, il y a une inversion entre le rouge et le bleu, et la série se représente ainsi : violet, vert, bleu, jaune, rouge.

Il était intéressant de rechercher l'influence que l'achromatopsie pouvait exercer sur les hallucinations colorées, que l'on suggère pendant l'hypnotisme. M. Richer a observé le premier que si l'on tient seul ouvert l'œil achromatope, chez une hypnotique, on ne peut lui suggérer par l'intermédiaire de cet œil aucune hallucination colorée. Si la malade a perdu le violet, il est impossible de faire entrer le violet dans ses hallucinations et ainsi de suite. En voici quelques exemples :

« Bar, à l'état de veille, est achromatopsique de l'œil droit. En lui maintenant l'œil gauche fermé, nous lui faisons voir une troupe d'oiseaux. A nos questions sur la couleur de leur plumage, elle répond qu'ils sont tous blancs ou gris. Si nous insistons, en lui affirmant qu'elle se trompe, que les uns sont bleus, les autres rouges ou jaunes, elle soutient qu'elle ne voit que des oiseaux blancs ou gris. Mais les choses changent, si à ce moment nous lui ouvrons l'œil gauche, que l'œil droit soit fermé ou non ; aussitôt, elle s'extasie sur la variété et l'éclat de leur plumage, où toutes les couleurs se trouvent réunies.

« Cette expérience a été variée de bien des façons. L'œil gauche fermé, nous lui montrons Arlequin, et elle le dépeint tout couvert de petits carreaux gris, blancs ou noirs. Polichinelle est également vêtu de blanc et de gris.

« C'est original, dit-elle, mais ce n'est pas beau. » Nous ouvrons l'œil gauche et aussitôt la notion des couleurs reparaît, et Arlequin et Polichinelle lui apparaissent bariolés comme on a coutume de les représenter (1). »

La même règle paraît s'étendre, comme je l'ai montré, aux hallucinations spontanées de l'aliénation mentale ; j'ai observé, dans le service du docteur Magnan, à l'Asile Sainte-Anne, une hystérique aliénée qui était obsédée continuellement par l'image d'un homme habillé de rouge. Cette femme était hémianesthésique et achromatopsique gauche ; lorsqu'on lui fermait l'œil droit, elle continuait à percevoir son hallucination avec l'œil gauche, mais l'homme qui lui apparaissait n'était plus rouge, il était gris et comme entouré d'un nuage.

Ainsi, la cécité d'une couleur empêche l'hallucination, c'est-à-dire l'image de cette même couleur. Comment cela s'explique-t-il ? Très simplement, si nous considérons l'achromatopsie comme un phénomène cérébral, comme un trouble fonctionnel des cellules corticales affectées à la sensation des couleurs. Du moment que ce trouble fonctionnel met le même obstacle à l'hallucination qu'à la sensation d'une couleur donnée, cela tient vraisemblablement à ce que la sensation et l'image emploient le même ordre d'éléments nerveux. En d'autres termes, l'hallucination se passerait dans les centres où sont reçues les impressions des sens ; elle résulterait *d'une excitation des centres sensoriels.* Ce que nous disons de l'hallucination s'applique directement à l'image.

On objectera peut-être qu'il y a des hystériques hypnotisées chez lesquelles l'achromatopsie n'empêche pas la suggestion d'hallucinations colorées. Mais il nous paraît facile d'expliquer cette dérogation à la règle. Nous nous bornerons à remarquer que l'achromatopsie chez les

(1) P. Richer, *Etudes cliniques sur l'hystéro-épilepsie* p. 708, 2ᵉ édit.

hystériques est une dépendance de l'hémianesthésie ; que
cette lésion n'a rien de définitif; que c'est moins une
paralysie qu'une parésie, une paresse des éléments nerveux. Ces éléments ne répondent plus à l'appel de leur
stimulus normal, la lumière colorée; mais il n'y a rien
d'étonnant à ce qu'ils réagissent lorsqu'ils sont attaqués
par un autre côté, par une excitation qui vient des centres
auditifs, et qui n'est autre chose que la suggestion verbale.

Voici d'autres faits à l'appui de la localisation de l'image
dans le centre sensoriel. Un grand nombre d'observations
réunies par M. Féré montrent qu'il existe un rapport
constant entre la sensibilité spéciale de l'œil et la sensibilité générale de ses téguments. Lorsqu'une lésion cérébrale détermine des troubles sensitifs dans les téguments
de l'œil, on trouve également, pour peu qu'on les cherche,
des troubles visuels, comme de l'achromatopsie, des
rétrécissements concentriques ou latéraux du champ visuel.
Dans l'hémianesthésie hystérique, on observe aussi un
rapport entre la sensibilité de la conjonctive et de la
cornée et la sensibilité spéciale de l'organe ; ces deux
sensibilités sont toujours atteintes dans une mesure
analogue. L'interprétation de ces faits et de beaucoup
d'autres, trop nombreux pour être rappelés ici, a conduit
M. Féré à la conclusion suivante : il existe dans des régions
indéterminées de l'encéphale des centres sensitifs communs aux organes des sens et aux téguments qui les
recouvrent (1).

Or, si on examine avec soin tout ce qui se passe lorsqu'on
donne à une hypnotique une hallucination visuelle, on voit
que dans beaucoup de cas l'hallucination modifie la
sensibilité des membranes externes de l'œil. Dans l'état
cataleptique, la conjonctive et la cornée, en dehors du
champ pupillaire, sont généralement insensibles ; mais

_____

(1) Ch. Féré, *Troubles fonctionnels de la vision*, pp. 149, 150, 151.

sitôt qu'on a développé l'hallucination visuelle, chez P...
par exemple, la sensibilité des membranes externes de
l'œil revient dans l'état où elle existe pendant la veille ;
on ne peut toucher les membranes avec un corps étranger
sans provoquer des réflexes palpébraux (1). Chez la nommée
M..., l'hallucination persiste au réveil pendant quelques
minutes, produisant toutes les fois une dysesthésie des
membranes de l'œil, qui dure exactement autant que
l'hallucination. Chez la nommée Wit..., l'hallucination
unilatérale produit une légère douleur dans l'œil qui est
seul halluciné : « J'ai comme du sable dans cet œil, » dit la
malade. Ces trois observations semblent montrer que
l'hallucination visuelle, ou, d'une manière plus générale,
l'image visuelle, intéresse le centre de la vision.

Mais nous n'avons pas encore abordé les observations
les plus intéressantes, dans cet ordre d'idées. Il nous reste
à parler des phénomènes chromatiques produits par les
hallucinations de la vue.

Rappelons d'abord trois expériences physiologiques, qu'il
est facile d'exécuter sans grand appareil. Première expérience. On prend un carton divisé en deux parties égales,
l'une rouge, l'autre blanche, et portant, à son centre, un
point destiné à immobiliser le regard ; si on fixe ce point
pendant quelques instants, on voit apparaître sur la moitié
blanche une couleur verte. C'est le contraste chromatique (2). Seconde expérience : On regarde fixement une
petite croix colorée en rouge, et portant à son centre un

(1) Ch. Féré, *les Hystériques hypnotiques comme sujets d'expérimentation, etc.* (*Arch. de neurologie*, 1883, t. VI, p. 122).
(2) Sans vouloir soulever ici des problèmes compliqués de physiologie,
nous rappelons que l'on n'est pas d'accord sur l'explication du contraste
simultané et des images consécutives. Helmholtz attribue les effets du
contraste simultané à une erreur de jugement ; quant aux sensations
consécutives, il les localise dans la rétine, et les explique par la théorie
de Young et celle de Fechner. Nous partageons complètement, quant à
nous, l'opinion du Dr Parinaud, qui assigne à ces deux phénomènes

point noir : si ensuite on reporte les yeux sur une feuille
de papier blanche portant un point noir, on voit apparaître
aussitôt une croix verte. C'est la sensation consécutive
négative. Troisième expérience : On prend deux cartons,
un rouge et un vert, on les dépose sur une table l'un
devant l'autre, à une petite distance ; puis, avec une
lamelle de verre qu'on tient devant son œil, on regarde un
des cartons par transparence et on cherche à obtenir en
même temps l'image réfléchie de l'autre carton afin de la
transporter sur le premier ; au moment où les images des deux
cartons se superposent, leurs couleurs se mélangent, et on
obtient une couleur résultante qui est généralement gri-
sâtre (la teinte exacte dépend de la couleur des cartons,
de l'intensité de la lumière, etc). C'est le mélange des
couleurs complémentaires.

On peut répéter ces trois expériences avec des cartons
colorés par suggestion, c'est-à-dire avec des hallucinations
de couleur. Si, comme M. Parinaud l'a montré, on donne
à une malade l'hallucination du rouge sur une moitié de la
feuille blanche, elle voit le vert apparaître sur l'autre moitié. Si, comme nous l'avons observé avec le Dr Féré, on
fait apparaître une croix rouge sur une feuille blanche, la
malade, après avoir contemplé pendant quelques instants
cette croix imaginaire, voit sur une autre feuille de papier une
croix verte. Enfin, si on lui apprend à superposer, selon le
procédé décrit, des cartons colorés par suggestion en vert et
en rouge, la malade voit la teinte grise résultante, qui est
produite par le mélange de ces deux couleurs complémentaires.

Devant ces résultats, est-il possible de douter que
l'hallucination visuelle résulte d'une excitation du centre

un siège cérébral, et leur attribue comme cause unique une modification matérielle des centres nerveux (Soc. de Biol., 13 mai et 22
juillet 1882).

sensoriel de la vision ? S'il en était autrement, comment comprendrait-on que l'hallucination donnât lieu aux mêmes effets chromatiques que la sensation ?

Nous pouvons transporter à l'image visuelle tous ces phénomènes révélés par l'étude de l'hallucination visuelle. Cette extension de l'expérience est d'autant plus légitime que M. Wundt a montré que la simple image d'une couleur, longtemps contemplée en imagination, donne lieu à la sensation consécutive d'une couleur complémentaire. Si on regarde fixement dans son esprit, pendant quelques instants, l'image du rouge, on aperçoit, en ouvrant les yeux sur une surface blanche, une teinte verte (1). Cette expérience est difficile à répéter, car elle exige un pouvoir de visualisation que tout le monde n'a pas. Pour me prendre comme exemple, je ne puis pas arriver à me représenter clairement une couleur, je suis un visuel très médiocre ; aussi n'est-il pas étonnant que je ne réussisse pas à obtenir de sensation consécutive colorée. Mais mon excellent ami le Dr Féré y arrive facilement. Il peut se représenter une croix rouge assez vivement pour voir ensuite, sur une feuille de papier, une croix verte : ainsi, il voit non seulement la couleur, mais la forme (2).

Ces faits montrent l'étroite analogie de la sensation, de l'hallucination, de l'image ; on peut en conclure ceci : soit qu'on ait la sensation du rouge, ou qu'on ait le souvenir du rouge, ou qu'on voie le rouge dans une hallucination, c'est toujours la même cellule qui vibre (3).

Jusqu'ici nous nous sommes contentés d'affirmer que l'image a le même siège que la sensation, sans chercher

(1) Cité par Bain, *les Sens et l'Intelligence,* Appendice.
(2) Cette expérience fournit un signe objectif permettant de reconnaître si une personne appartient au type visuel.
(3) Toutes les expériences précédentes ont trait à l'image visuelle. Le lecteur jugera dans quelle mesure il est légitime d'étendre la conclusion qui en dérive aux images des autres sens.

à déterminer anatomiquement quel est ce siège. Les expériences précédentes ne permettent pas de résoudre cette
dernière question, qui est plus compliquée, plus difficile
que la première. Nous pourrions faire intervenir ici les
principaux résultats des localisations cérébrales, qui semblent montrer que les centres sensoriels sont situés au
niveau de l'écorce cérébrale, dans une zone encore mal
délimitée, placée probablement en arrière de la zone
motrice. Mais nous préférons rester sur le terrain de l'expérimentation hypnotique, qui peut nous apprendre encore
quelque chose à ce sujet. Il est un fait capital dans l'histoire des hallucinations hypnotiques; c'est que ces troubles
sensoriels, quand ils ont une forme unilatérale, sont
transférables par l'aimant (1). Ce transfert s'accompagne
d'un certain nombre de signes objectifs, qui excluent toute
idée de simulation; c'est ainsi que la migration du phénomène est suivie, chez certains sujets, d'une migration en
sens inverse, puis de plusieurs autres migrations, phénomènes qu'on a décrits, à propos du transfert de l'anesthésie, sous le nom d'*oscillations consécutives;* de plus, à
mesure que le transfert s'opère, la malade se plaint de
douleurs de tête qui oscillent d'un côté de la tête à
l'autre; ces douleurs caractéristiques que nous avons
proposé d'appeler douleurs de transfert, ne sont pas
diffuses, elles ont un siège fixe, et ce siège est des plus
remarquables. Quand il s'agit d'hallucinations de la vue, la
douleur de tête correspond à la partie antérieure du
lobule pariétal inférieur, ainsi que les recherches de
topographie cranio-cérébrale de M. Féré (2) nous ont
permis de l'établir; quand il s'agit d'hallucinations

(1) Binet et Féré, *le Transfert psychique* (*Revue philosophique,* janvier 1885).
(2) Ch. Féré, *Note sur quelques points de la topographie du cerveau*
(*arch. de phys. norm. et path.,* 1876, p. 247). *Nouvelles recherches sur
la topographie cranio-cérébrale* (*Revue d'antrop.,* 1881, p. 468).

auditives, le point douloureux correspond à la partie antérieure du lobe sphénoïdal. Ces deux localisations sont en accord parfait avec les résultats des recherches anatomo-cliniques; elles méritent donc d'être prises en sérieuse considération. C'est dans le lobule pariétal inférieur qu'on a placé le centre des sensations visuelles, et dans le lobe sphénoïdal qu'on a placé le centre auditif. Il semble donc permis de considérer comme très vraisemblable que les images visuelle et auditive résultent de l'excitation de ces deux centres.

Nous arrivons finalement à la même conclusion que H. Spencer et Bain, mais avec l'avantage d'affirmer preuves en main ce que ces auteurs considéraient simplement comme vraisemblable. « L'idée, a dit Bain, occupe les mêmes parties nerveuses et de la même façon que l'impression des sens. »

III

Nous n'avons pas encore fini notre étude sommaire des Images. Après avoir fixé leur siège dans le cerveau, nous allons indiquer leurs principales propriétés physiologiques.

M. Spencer appelle les images des *états faibles*, pour les opposer aux sensations, qui sont les *états forts*. Le terme est juste. Le peu de vivacité des images est une des raisons qui empêchent de les observer commodément, et qui expliquent comment leur nature a été si longtemps méconnue. Pour les étudier, il faut les comparer aux *images consécutives de la vue*, phénomènes qui succèdent à l'impression d'un objet extérieur sur la rétine.

On sait que les images consécutives sont de deux sortes; positives et négatives. Placez un petit carré rouge sur une surface blanche vivement éclairée, regardez ce carré pendant une seconde, puis fermez les yeux sans effort, en les recouvrant de la main, vous voyez apparaître le carré rouge : c'est l'*image positive*. Répétez la même expérience en fixant plus longtemps le carré rouge, puis, en fermant les yeux ou en les fixant sur un point différent de la surface blanche, vous verrez apparaître ce même carré, mais, au lieu d'être rouge, il sera vert, de la teinte complémentaire : c'est l'*image négative*.

L'image consécutive constitue un type de transition entre la sensation et l'image ordinaire; elle tient de la sensation en ce qu'elle succède immédiatement à l'action d'un rayon de lumière sur la rétine, et elle tient de l'image en ce qu'elle survit à cette action. En général, l'image consécutive a une assez grande intensité; on peut expérimenter sur elle avec plus de fruit que sur l'image ordinaire.

M. Parinaud a démontré le siège cérébral de l'image consécutive par l'expérience que voici (Soc. de Biol., 13 mai 1882) :

« M. Béclard rapporte en ces termes, dans son traité de physiologie, une expérience peu connue : « L'impression « d'une couleur sur une rétine éveille sur le point identique « de l'autre rétine l'impression de la couleur complémen- « taire. Exemple : Fermez l'undes yeux, fixez avec l'œil « ouvert, et pendant longtemps, un cercle rouge ; puis « fermez cet œil, ouvrez celui qui était fermé, vous verrez « apparaître une auréole verte (p. 863, édit. de 1866). »

« Ainsi présentée, cette expérience prête à la critique ; sa formule énonce même une erreur; mais, ramenée à sa véritable signification, elle renferme la démonstration de la proposition que je viens d'émettre.

« Pour bien nous rendre compte de la nature de la sensation développée dans l'œil non impressionné, voyons d'abord ce qui se passe dans l'œil qui reçoit l'impression.

« Fermant l'œil gauche pour le moment exclu de l'expérience, nous fixons un cercle rouge sur une feuille de papier blanc, ou mieux, un point tracé au centre du cercle, afin de mieux immobiliser l'œil. Après quelques secondes, le fond blanc perd de son intensité et la couleur elle-même s'obscurcit. Retirant le cercle rouge sans cesser de fixer le point, nous voyons apparaître, sur le papier, l'image du cercle colorée en vert et plus claire que le fond : c'est *l'image négative*. Ferme-t-on l'œil, après avoir disparu un instant, l'image se reproduit avec les mêmes caractères.

« Répétons maintenant l'expérience de Béclard, c'est-à-dire, au moment où nous retirons le cercle, fermons l'œil droit impressionné et ouvrons l'œil gauche en fixant toujours le papier.

« L'image du cercle n'apparaît pas immédiatement.

« Le blanc du fond s'obscurcit tout d'abord, et c'est seulement alors que l'image se dessine colorée en vert et plus claire que le fond. C'est la même *image négative*, extériorisée par l'œil gauche non impressionné, telle que nous l'avons reconnue dans l'œil droit qui a reçu l'impression (1).

« On peut produire le même *transfert* avec l'image positive en variant les conditions de l'expérience. .

« L'extériorisation de l'image accidentelle par l'œil qui n'a pas reçu l'impression implique forcément l'intervention du cerveau et, avec une grande probabilité, le siège cérébral de l'image elle-même (2). »

___

(1) M. Giraud-Teulon, qui a répété cette expérience, lui attribue les mêmes caractères (Note inédite remise à M. Charcot).

(2) M. Parinaud allègue une seconde preuve, qui nous paraît beaucoup moins bonne. Il remarque que l'image consécutive suit les mouvements intentionnels de l'œil, mais ne se déplace pas quand on dévie l'axe optique avec le doigt. Or, une image de la rétine, dit-il, se déplacerait dans la déviation mécanique du globe, aussi bien que dans ses mouvements intentionnels. La conclusion ne nous paraît pas juste. Il est admis

Cette expérience sur l'image consécutive me paraissant très importante pour la théorie, je l'ai répétée un très grand nombre de fois. Au cours de ces études, j'ai remarqué quelques phénomènes curieux. D'abord l'expérience peut être faite avec les deux yeux ouverts. On regarde une croix rouge avec l'œil droit, en maintenant l'œil gauche ouvert, mais en empêchant cet œil de voir la croix, par l'interposition d'un écran. Au bout de quelques secondes, on ferme l'œil droit ; et bientôt après, l'œil gauche, *qui est resté constamment ouvert,* voit le point du papier qu'il fixe se couvrir d'une ombre légère, et au milieu de cette surface obscure apparaît une croix verte.

Il faut aussi noter les changements qui s'opèrent dans la vision de l'image consécutive transférée ; elle apparaît, comme M. Parinaud l'a très bien remarqué, après un certain retard ; elle ne dure jamais bien longtemps, au moins

couramment en psychologie que nous percevons par l'œil les mouvements des corps, de deux façons : 1° quand l'œil est immobile et que l'image de l'objet se déplace sur la rétine ; 2° quand l'œil est en mouvement et que l'image de l'objet ne se déplace pas sur la rétine. Ce dernier cas est celui où nous suivons des yeux un objet en mouvement, par exemple une fusée qui s'élève dans les airs. On a remarqué en outre que l'état de repos ou de mouvement de l'œil se traduit à la conscience par l'absence ou la présence des sensations qui accompagnent les contractions des muscles oculaires, c'est dire que notre conscience tient seulement compte des mouvements intentionnels. Ces deux règles expliquent la plupart des illusions d'optique relatives au mouvement. Ainsi les images consécutives paraissent se mouvoir avec le regard, car dans ce cas nous éprouvons des sensations musculaires qui sont le signe du mouvement de l'œil, et de plus l'image consécutive ne se déplace pas sur la rétine. Quand on dévie mécaniquement l'œil, nous n'avons pas de sensations musculaires, l'œil paraît immobile ; par conséquent, d'une part les objets extérieurs, qui sont réellement immobiles, paraissent se mouvoir, car leur image se déplace sur notre rétine, supposée fixe, et d'autre part les images consécutives paraissent immobiles, car leur image ne se déplace point sur notre rétine supposée fixe. En résumé, tout objet qui paraît se mouvoir avec les mouvements de l'œil doit paraître immobile quand on dévie l'œil mécaniquement, et vice versa. Ce sont là des résultats de notre éducation psychique. On ne peut en tirer aucun argument pour ou contre le siège rétinien de l'image consécutive.

pour mes yeux ; ordinairement, elle disparaît au bout de deux secondes, et le papier reprend en même temps sa teinte blanche primitive. Mais tout n'est pas fini, et, si on maintient l'œil fixé sur le même point, on voit, quelques secondes après, le papier s'assombrir de nouv' au et l'image reparaître avec les mêmes caractères de forme et de couleur que la première fois. Le nombre de ces *oscillations* semble dépendre de l'intensité de l'image ; j'en compte souvent trois.

J'ai constaté aussi que l'autre œil, celui qui a regardé fixement la croix rouge, conserve son image consécutive pendant tout ce temps, et qu'on peut, en ouvrant et en fermant alternativement les deux yeux, voir se succéder l'image consécutive directe et l'image consécutive transférée.

Cette succession des deux images permet de les comparer. Elles n'ont pas toujours les mêmes caractères ; j'ai constaté pour certaines couleurs une différence de teinte assez tranchée. Par exemple, un pain à cacheter de couleur orangée me donne une image consécutive qui se rapproche du bleu quand elle est vue directement, et du vert quand elle est transférée ; cette différence se maintient quel que soit l'œil avec lequel on commence l'expérience. Pour d'autres couleurs, les deux images offrent sensiblement la même teinte.

Une autre preuve du siège cérébral de l'image consécutive, c'est qu'elle apparaît quelquefois longtemps après l'impression, et ressemble dans ce cas à un souvenir ordinaire. Newton, par un effort d'attention, arrivait à reproduire une image consécutive produite par la fixation du soleil plusieurs semaines auparavant. On sait, dit M. Baillarger, que les personnes qui se servent habituellement du microscope voient quelquefois reparaître spontanément, plusieurs heures après qu'elles ont quitté leur travail, un objet qu'elles ont examiné très longtemps. M. Baillarger (1)

(1) Cité par Taine, *De l'intelligence*, t. I, p. 101.

ayant préparé pendant plusieurs jours, et plusieurs heures chaque jour, des cerveaux avec de la gaze fine, vit tout à coup la gaze couvrir à chaque instant les objets qui étaient devant lui... et cette hallucination se reproduisit pendant plusieurs jours. C'est un cas analogue à celui de M. Pouchet qui a vu (*Société de Biologie* 1882, 29 avril), en se promenant dans Paris, les images de ses préparations au microscope se superposer aux objets extérieurs. Ce phénomène n'est pas rare ; il suffit de le chercher pour en trouver de nombreux exemples. Cette réviviscence de l'image consécutive à longue échéance, longtemps après que la sensation excitatrice a cessé d'agir, exclut complètement l'idée que l'image consécutive s'est conservée dans la rétine ; c'est dans le cerveau que la conservation s'est faite, et très probablement, lorsque l'image renaît, elle n'implique pas une nouvelle mise en activité des cônes et bâtonnets de la rétine.

Nous pouvons donc admettre, comme un fait très vraisemblable, que l'image consécutive a un siège cérébral. Cette conclusion est intéressante pour le psychologue ; car elle le conduit à établir un parallèle entre l'image consécutive et les images du souvenir. En quoi diffèrent-elles ? D'abord, par l'*intensité* ; l'image consécutive est si vive qu'on peut la projeter sur un écran et l'y fixer par le dessin : y a-t-il beaucoup de souvenirs qu'on puisse extérioriser de la même façon ? Ensuite, par le *mode d'apparition* ; le plus souvent l'image consécutive succède immédiatement à une sensation visuelle, quelquefois elle apparaît spontanément beaucoup plus tard, et jamais elle n'est suscitée par une cause psychique, par association d'idées, comme les images commémoratives ordinaires. Ce fait à frappé les observateurs. M. Pouchet a remarqué qu'au moment où l'image de ses préparations microscopiques a surgi devant ses yeux, il était en cabriolet, causant avec une personne étrangère aux sciences, et il n'a pas pu saisir le moindre rapport entre cette image et le sujet de sa conversation.

L'assimilation de l'image consécutive à l'image du souvenir offre un grand intérêt; car l'expérimentation montre que l'image consécutive possède un certain nombre d'attributs, qui dès lors appartiennent aussi à l'image du souvenir. Ainsi : 1º elle se déplace avec les mouvements intentionnels de l'œil et les mouvements de la tête quand le regard est fixe ; 2º elle s'agrandit quand on éloigne l'écran sur lequel on la projette, et se rapetisse quand on rapproche l'écran ; 3º elle se déforme avec l'inclinaison de l'écran et elle s'allonge dans le sens de l'inclinaison.

Une image réelle, peinte sur l'écran, se comporte tout autrement. Si on éloigne l'écran de l'œil, cette image devient plus petite; si on rapproche l'écran, l'image s'agrandit; si on incline l'écran, l'image se déforme et se rapetisse dans le sens de l'inclinaison : c'est ce que les peintres appellent le *raccourci* (1). Bref, l'image consécutive et l'image réelle (la sensation) présentent jusqu'à un certain point des propriétés inverses. Quelle en est la 'raison? Il est facile de s'en rendre compte.

Supposons d'abord, pour plus de clarté, que l'image consécutive siège dans la rétine, sauf à modifier ensuite notre démonstration, pour la faire concorder avec la théorie du siège cérébral. Il faut partir de ce principe, si bien établi par M. Helmholtz, que toute sensation subjective est perçue, extériorisée et localisée de la même façon que si elle correspondait à un objet extérieur. Soit l'image consécutive A'B', sur la rétine ; si elle est projetée au dehors, sur un écran tenu en EF, elle aura la dimension de la ligne AB, car ce serait la dimension d'un objet qui placé à la distance

____

(1) On ne parvient qu'après un peu d'exercice à se rendre compte de ces changements de dimension de l'image, car, comme ils ne correspondent à aucun changement de dimension réel, nous avons pris l'habitude de les corriger.

de l'écran, ferait sur la rétine une image égale à A'B'; en
effet, les deux lignes A'C et B'C sont menées des deux
extrémités de l'image au centre optique de l'œil, et prolon-
gées jusqu'à la rencontre de la ligne AB. Maintenant
changeons la distance de l'écran, que se produira-t-il?
Comme l'image subjective a une grandeur invariable sur la
rétine, elle devra prendre sur l'écran la dimension d'un
objet qui, situé à la nouvelle distance où on place l'écran,
ferait sur la rétine une image égale à A'B'. Il nous reste
donc à calculer les grandeurs successives d'un objet assu-
jetti à cette condition de toujours produire au fond de l'œil
une image rétinienne de même grandeur, malgré ses changements de distance.

Pour simplifier le problème, nous donnerons à l'image
consécutive la forme d'un cercle; dès lors, on peut remplacer l'angle visuel ACB par un cône droit à base circulaire, dont le sommet est en C, et dont AC et BC sont les

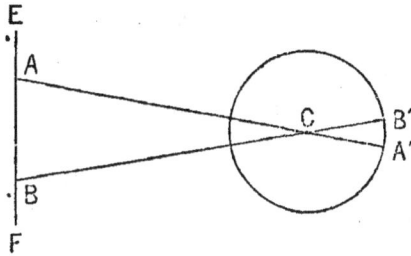

apothèmes. Ceci posé, quand on projette l'image consécutive sur un écran, l'écran coupe ce cône, et la grandeur et
la forme de la section conique sont celles de l'objet qui,
à la distance où on tient l'écran, produit une image rétinienne égale à A'B'; par conséquent ce sont aussi celles de
l'image consécutive projetée. Ainsi, quand on tient l'écran
verticalement (c'est-à-dire perpendiculairement à l'axe optique), l'image consécutive doit avoir la forme circulaire, car

la section est faite dans un plan perpendiculaire à l'axe du cône et a la forme d'un cercle : quand on incline l'écran, l'image consécutive doit s'allonger, car la section est oblique et a la forme d'une ellipse ; quand on éloigne l'écran, l'image doit s'agrandir, car la section est faite plus loin du sommet du cône et devient plus grande. C'est ce que l'expérience confirme.

S'il n'en est pas ainsi pour l'image réelle, peinte sur l'écran, c'est que son diamètre apparent augmente quand on rapproche l'objet, diminue quand on l'éloigne, et diminue dans le sens de l'inclinaison quand on l'incline. Nous n'insistons pas.

On sera peut-être tenté de conclure de cette démonstration que l'image consécutive a bien son siège dans la rétine, car elle ne se comporterait pas autrement si elle était rétinienne. Mais remarquez que l'image consécutive *transférée* possède les mêmes propriétés. Nous avons maintes fois constaté qu'elle s'agrandit et se rapetisse quand on éloigne et qu'on rapproche l'écran. Soutiendra-t-on que cette image transférée est rétinienne ? Recueillie par l'œil droit, elle est extériorisée par l'œil gauche, qui est resté fermé jusqu'au dernier moment ; il est donc bien probable qu'elle n'a pas impressionné la rétine gauche.

« Il est rationnel d'admettre, dit à ce sujet M. Richer, que la rétine a sa représentation exacte dans le centre visuel cérébral. Il existe en quelque sorte une rétine cérébrale dont chaque point est en relation intime avec les points correspondants de la rétine périphérique » (*Etudes cliniques sur l'hystéro-épilepsie*, 2e édition, 1885, p. 714). On comprend dès lors qu'une impression portée directement sur un point de cette rétine cérébrale (image consécutive) produise le même effet pour la conscience qu'une impression qui siègerait sur le point correspondant de la rétine périphérique, à droite ou à gauche, ou en haut ou en bas, ou sur la tache jaune.

Nous admettons volontiers, jusqu'à preuve contraire, que les propriétés de l'image consécutive sont communes à l'image ordinaire, au souvenir par exemple, bien qu'on ne puisse les observer directement sur une image aussi faible. Mais il y a des cas où l'image, évoquée par une personne saine d'esprit, atteint un degré d'intensité suffisant pour s'extérioriser. Brierre de Boismont, qui s'était exercé à imprimer en lui la figure d'un ecclésiastique de ses amis, avait acquis la faculté de l'évoquer les yeux ouverts ou fermés; l'image lui paraissait extérieure, placée dans la direction du rayon visuel; elle était colorée, délimitée, pourvue de tous les caractères appartenant à la personne réelle. Nous engageons vivement les personnes qui ont le don de visualiser, à essayer l'expérience suivante : penser à une croix rouge, la projeter sur un écran et chercher si elle se comporte comme une image consécutive, si elle s'agrandit quand on rapproche l'écran, et se rapetisse quand on l'éloigne. La réussite de cette expérience donnerait à notre thèse une confirmation définitive.

Tels sont les caractères *positifs* des images consécutives, et probablement de toutes les images; elles ont aussi un certain nombre de caractères *négatifs,* tout aussi importants, qui leur servent, autant et plus que les premiers, à les distinguer des sensations.

On sait que nos sensations se modifient régulièrement à la suite des mouvements que nous faisons; la vue de ma demeure se modifie quand je ferme ou que j'ouvre les yeux, quand je me rapproche ou que je m'éloigne, quand je presse sur mes yeux pour la voir double, ou que j'interpose un prisme pour la voir déviée, ou que je la fais réfléchir dans un miroir pour en avoir une figure symétrique, ou que je la regarde à travers une lorgnette pour en avoir une vision agrandie..... Il est clair qu'aucune de ces expérimentations n'a de prise sur une image mentale. Quand je songe à un ami absent et que l'image visuelle de sa

physionomie vient s'offrir à ma pensée, j'essayerais en
vain de modifier la perspective de cette image en changeant de position, ou de la dédoubler en pressant sur mon
œil. La tentative échoue également pour l'image consécutive. M. Parinaud a fait une expérience concluante pour
montrer qu'on n'arrive pas à dévier une image consécutive
en la regardant à travers un prisme. Nous extrayons le
passage suivant d'une note manuscrite qu'il a bien voulu
nous remettre :

« Regardez fixement, dit-il, avec un œil une petite bande
de papier rouge sur fond blanc ; après une minute, glissez
entre la bande et l'œil un prisme de 15° à base supérieure, en tenant le regard immobile, sans chercher à
suivre la bande dans son déplacement. Vous voyez alors
l'image consécutive verte se détacher de la partie supérieure de la bande rouge. Pour vous assurer que l'image
seule du papier s'est déplacée, et que l'image consécutive
n'a pas subi de déviation en sens inverse, recommencez
l'expérience en ne couvrant avec le prisme qu'une partie
de la bande rouge ; l'image consécutive, si l'œil ne s'est pas
déplacé, prolonge exactement la partie de la bande qui n'a
pas subi la réfraction prismatique. »

En résumé, les sensations et les images forment deux
groupes de phénomènes qui se distinguent par des caractères tranchés, tant positifs que négatifs.

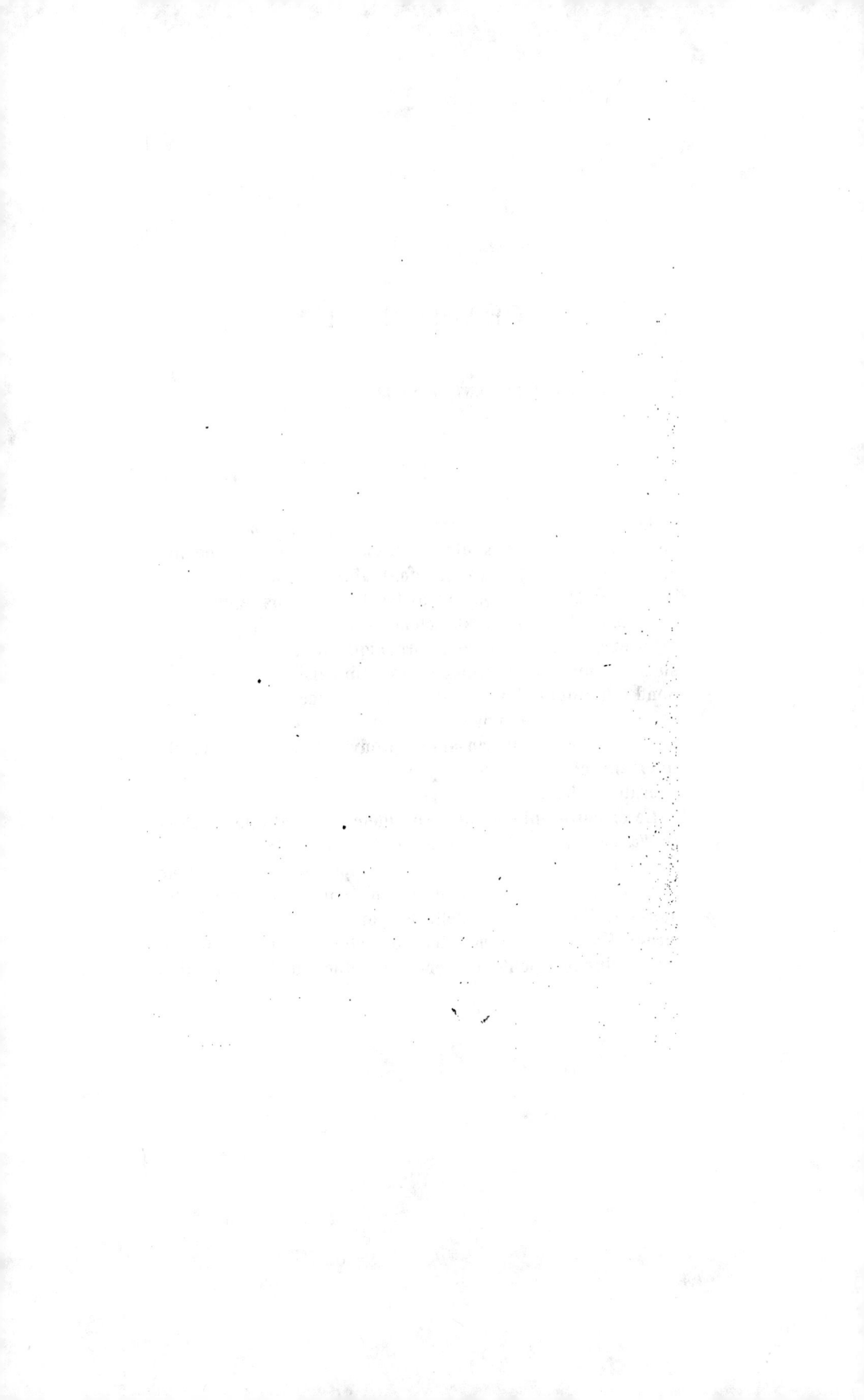

CHAPITRE III

I

Dans la perception externe, les images qui naissent en nous, au contact des objets, tirent de leur origine un ensemble de propriétés qui font absolument défaut aux images *isolées,* dont nous avons fait l'étude dans le chapitre précédent. Suggérées directement par des impressions extérieures, elles s'associent organiquement à ces impressions, de manière à former un tout indivisible, qui correspond à la notion d'un objet unique. Grâce à cette attache sensorielle, chaque image subit par contre-coup toutes les modifications que la sensation éprouve directement. Pratiquement, elle se comporte pour l'observateur comme une sensation véritable.

Le chapitre qui suit pourrait donc être intitulé : « *Propriétés des images qui sont associées à des sensations.* »

Nous allons encore une fois faire appel aux hallucinations hypnotiques pour l'étude de ces phénomènes, car, à l'état normal, ils sont trop délicats pour être observés avec profit. Mais ici, une première objection s'élève : comment l'hallucination peut-elle servir à l'étude de la perception

normale, opération produite par un concours des sens et
de l'esprit? L'hallucination n'est-elle pas une sorte de
conception délirante qui sort toute formée d'un cerveau
malade? Lorsque nous disons à une hypnotique: voilà un
serpent! et que, regardant à terre, elle voit le serpent
ramper vers elle, qu'y a-t-il de vrai, qu'y-a-t-il d'extérieur
dans cette apparition? Telle est l'objection qu'on peut
f· ·re à priori. Mais en observant avec soin l'hallucination
hypnotique (la seule dont il sera parlé), en remplaçant
même la simple observation par l'expérimentation, on
constate qu'il entre, sinon toujours, souvent du moins,
dans ce phénomène une part de sensation. Ce n'est peut-
être pas une règle absolue, mais c'est un fait très fréquent.

Voici une première expérience qui le démontre : on présente au sujet un carton de papier complètement blanc, et
on lui dit: « Regardez, c'est votre portrait. » Aussitôt le
sujet voit apparaître son portrait sur la surface blanche, il
décrit la pose et le costume, ajoutant avec sa propre imagination à l'hallucination suggérée, et si le sujet est une
femme, elle est mécontente le plus souvent, et trouve le
portrait peu flatté. L'une d'elles, assez jolie, mais dont le
teint est semé de petites taches de rousseur, me dit un
jour, en regardant son portrait imaginaire : « J'ai bien des
taches de rousseur, mais je n'en ai pas tant que ça. » Quand
le sujet a contemplé pendant quelque temps le carton
blanc, prenons ce carton, confondons-le avec une douzaine
de cartons du même genre ; voilà treize cartons semblables,
et nous serions incapables de retrouver celui qui a porté
l'hallucination, si nous ne prenions pas le soin de le mar-
quer, après l'avoir retiré des mains de la malade. Mais
la malade n'a pas besoin de marques; si on lui présente
le paquet de cartons en lui disant de chercher son portrait,
elle retrouve le premier carton, le plus souvent sans se
tromper ; ce qu'il y a de mieux, c'est qu'elle le présente
toujours dans le même sens, et que si on renverse le carton

selon ses bords, elle voit le portrait imaginaire la tête en bas. Mais voici qui est encore plus fort. Si on fait photographier le carton blanc, et que dix jours, vingt jours, un mois après, on montre à la malade l'épreuve photographique, elle y retrouve encore son portrait (1).

La manière la plus simple d'expliquer cette localisation du portrait imaginaire, c'est de supposer que l'image hallucinatoire s'est associée — d'une manière inconsciente — à l'impression visuelle du carton blanc ; de sorte que, toutes les fois que cette impression visuelle est renouvelée, elle suggère, par association, l'image. Il y a toujours dans un carton de papier, si blanc qu'il soit, quelques détails particuliers ; nous pouvons les trouver avec un peu d'attention ; la malade les aperçoit instantanément, grâce à son sens visuel hyperesthésié ; ce sont ces détails qui lui servent de point de repère pour projeter l'image. Ce sont comme des *clous* qui fixent le portrait imaginaire sur la surface blanche. C'est si vrai que l'expérience du portrait réussit plus sûrement par l'emploi de papier ordinaire que par l'emploi de papier de bristol. D'une manière générale, plus le point de repère est visible, plus l'hallucination est durable.

Nous tenons de M. Londe, le chimiste de la Salpêtrière, le fait suivant, qui vient à l'appui : Wit... étant en somnambulisme, il lui montre le cliché d'une photographie représentant une vue des Pyrénées, avec des ânes gravissant une côte ; en même temps, il lui dit : « Regardez, c'est votre portrait, vous êtes toute nue. » A son réveil, la malade aperçut par hasard le cliché, et furieuse de s'y voir représentée dans un état trop voisin de la nature, elle sauta dessus et le brisa. Mais on avait déjà tiré de ce cliché deux épreuves photographiques, qui furent conservées avec

(1) Évidemment, l'expérience ne réussit pas à tout coup ; mais il suffit qu'elle ait réussi une fois, dans des conditions qui excluent la fraude, pour qu'on ait le droit d'en tenir compte.

soin. Chaque fois que la malade les aperçoit, elle trépigne
de colère, car elle s'y voit toujours représentée nue. Au
bout d'un an, l'hallucination dure encore.

Cette survie extraordinairement longue de l'hallucination
s'explique bien par la théorie du point de repère. La photographie offre en réalité, à la malade, un nombre immense
de points de repère qui, s'étant associés à l'image hallucinatoire, l'évoquent avec une force invincible, en accu-
mulant leurs effets (1). Ce qu'il y a de plus curieux dans
cette observation, c'est que la malade ne voit pas ces points
de repère, ou plutôt ne se rend pas compte de leur nature,
car il faut bien qu'elle les voie pour projeter son hallucination ; mais elle n'arrive pas à reconnaître qu'ils forment,
par leur réunion, une vue des Pyrénées. On s'est efforcé
vainement de la tirer d'erreur ; elle ne voit sur la photographie que son portrait.

Ces quelques exemples suffiront à montrer que l'hallucination hypnotique comporte, comme la perception, deux
éléments : une impression des sens et une image cérébrale
extériorisée. La perception, a dit M. Taine, est une hallucination vraie (2).

Il est vrai que le mode de formation n'est pas le
même de part et d'autre. L'hallucination hypnotique est
formée d'une image suggérée par la parole, qui s'associe à
un point de repère, tandis que, dans la perception, l'image
est suggérée directement par une impression des sens.
Mais entre ces deux actes s'en trouve un troisième qui
leur sert de transition : c'est l'illusion des sens. L'illusion
des sens hypnotique ne diffère de l'hallucination hypnotique
que par un point, c'est qu'elle consiste dans la transformation d'un objet extérieur, tandis que l'hallucination crée

(1) On a remarqué depuis longtemps qu'un souvenir est bien plus
sûrement rappelé qu'un autre, quand il a un plus grand nombre de
lignes d'association à son service.
(2) A. Binet, l'Hallucination (Revue philosophique, avril et mai 1884).

un objet imaginaire de toutes pièces. Dites à un sujet, en lui montrant un chapeau : voilà un chat, ou un oiseau, ou une maison... vous produisez une illusion hypnotique. Prononcez les mêmes paroles sans montrer aucun objet, vous suggérez une hallucination. Mais l'existence de cet objet, qui sert de *substratum* à l'illusion hypnotique, ne paraît avoir aucune importance, puisqu'on peut le transformer de cent façons. A côté de l'erreur des sens hypnotique, se place l'erreur des sens ordinaire, trouble si fréquent que tout le monde le connaît par expérience. Qui n'a entendu un pas de voleur dans le craquement d'un meuble, qui n'a vu une figure humaine dans les formes confuses d'un paysage de nuit ? Ces illusions se distinguent de celles de l'hypnotisme par le mode de formation. Dans l'état hypnotique, l'image qui transforme l'objet est suggérée par la parole, elle vient du dedans ; dans l'état normal l'image fausse est suggérée par une vision vicieuse de l'objet, elle vient du dehors. Mais, à part cette différence, tout est commun. Enfin, l'illusion des sens tient intimement à la perception extérieure, dont elle est en quelque sorte la contrefaçon. Par conséquent, la perception et l'hallucination se trouvent reliées ensemble par une série non interrompue d'intermédiaires. C'est ce qui nous permet de considérer l'illusion des sens ordinaire, l'illusion hypnotique et enfin l'hallucination comme des déformations de plus en plus accentuées de la perception. Ceci établi, nous allons utiliser ces faits morbides pour étudier le fait normal.

Brewster a observé le premier que si l'on presse sur l'œil d'un individu en état d'hallucination, on dédouble l'objet imaginaire. Des observations de Paterson, de M. Despine, de M. Ball ont confirmé le fait. Ce dernier médecin a rapporté l'exemple le plus curieux. Il s'agissait d'une jeune fille hystérique qui, dans des crises de somnambulisme naturel, voyait la sainte Vierge lui apparaître dans un costume

resplendissant. Par la pression oculaire, on dédoublait
invariablement cette apparition miraculeuse, et on lui
montrait deux Vierges. M. Féré a trouvé à son *tour* qu'il
est possible de répéter, autant de fois qu'on veut, cette
curieuse expérience, en opérant sur des hystériques hypno-
tisables.

Comment expliquerons-nous cette *diplopie hallucinatoire*?
Il est clair qu'on ne peut, par la pression de l'œil, dédoubler directement une image de l'esprit. Si je pense à un
ami absent, je n'arriverai jamais à le voir double en pressant sur mon œil. Si donc l'hallucination visuelle peut être
scindée dans ces circonstances, cela tient à ce qu'elle n'est
pas « toute image » ; en réalité, elle est associée à une
impression des sens, c'est-à-dire à un point de repère
extérieur ; la pression oculaire dédouble ce point, et c'est
consécutivement, par une sorte de contre-coup, que
l'image cérébrale partage ce dédoublement.

Or, c'est précisément ce qui se passe dans la perception
visuelle. Lorsque nous regardons un objet en touchant, ou
en appuyant sur notre œil pour le faire dévier de sa position normale, nous voyons l'objet double ; l'objet, disons-
nous ; or, qu'est-ce qu'un objet? un groupe de sensations et
d'images ; les images sont donc dédoublées, comme les
sensations ; la diplopie sensorielle s'accompagne donc
d'une diplopie mentale. Mais le fait est peu apparent.
On ne le remarquerait pas, sans l'hallucination, qui
l'hypertrophie, en rendant l'image énorme et en réduisant
la sensation à presque rien. C'est ainsi que les faits
pathologiques nous instruisent sur l'état normal. Nous
apprenons ici que, dans nos perceptions, l'image est si
énergiquement liée à la sensation, qu'elle en subit indirectement les modifications ; elle se dédouble quand on
dédouble la sensation.

M. Féré a remplacé la pression oculaire par un prisme.
Plaçant un prisme devant l'œil d'une malade en état d'hal-

lucination, il a constaté que l'hallucination se dédoublait comme auparavant, et que, de plus, une des images subissait une déviation dont le sens et la valeur sont conformes aux lois de l'optique. Il est bien entendu que l'expérience a été faite en écartant du champ visuel de la malade tous les objets extérieurs dont les modifications pourraient servir de signe. Par exemple, on inculque à la malade qu'il existe sur une table voisine un portrait vu de profil. Si, sans prévenir, on interpose un prisme devant un des yeux, la malade s'étonne de voir deux portraits, et toujours celui qui est dévié est placé conformément aux lois de l'optique. (Ch. Féré, *Soc. biol.*, 29 oct. 1881.) Cette seconde expérience nous instruit, comme la première, sur l'histoire de nos perceptions normales; car normalement, lorsque nous plaçons un prisme devant un de nos yeux, les objets que nous voyons à travers le prisme nous paraissent déviés. Or, cette déviation des objets implique une déviation des images; le prisme, dans certaines conditions, dévie une image. On trouve donc au sein de la vie normale le germe de cette curieuse expérience d'hypnotisme.

Nous avons contribué nous-même au développement de ces études en remplaçant le prisme par un grand nombre d'autres appareils d'optique. Le principe étant posé, les expériences n'offrent plus guère qu'un intérêt de curiosité. Nous nous bornerons à en citer quelques-unes, renvoyant pour les détails à nos articles sur les hallucinations. Si, pendant que la malade contemple l'objet imaginaire suggéré, par exemple un arbre sur lequel est posé un oiseau, on place devant ses yeux une lorgnette, elle déclare aussitôt que l'arbre devient très grand et se rapproche. Si, changeant la lorgnette de sens, on fait regarder la malade par l'objectif (le gros bout), tout à coup l'arbre s'éloigne, se rapetisse, et l'oiseau devient complètement invisible. Ce qu'il y a d'intéressant, ce sont les réflexions dont la malade en somnambulisme accompagne ces changements dans

4

l'objet imaginaire. La nommée Wit... éprouve chaque fois
un étonnement des plus vifs. Comme je lui fais regarder un
oiseau posé sur la branche d'un arbre, elle ne comprend
pas du tout comment cet oiseau peut être pendant un
instant tout près d'elle, et l'instant d'après, très éloigné. Je
lui dis plusieurs fois que l'oiseau change de place, qu'il se
rapproche en volant, puis qu'il s'éloigne. Mais elle repousse
bien loin cette explication en objectant que l'arbre aussi
paraît occuper des positions différentes. Je réplique que
c'est impossible, que l'arbre a ses racines plongées dans le
sol, et ne peut quitter l'endroit où il est planté. Alors elle
conclut que ce sont ses yeux qui sont malades, et qui
changent la distance apparente des objets. Cette conclusion
est vraiment très raisonnable, étant donné que la malade
ignore qu'on place alternativement devant ses yeux l'oculaire et l'objectif d'une lorgnette.

Il importe de remarquer que la lorgnette ne modifie
l'hallucination que lorsqu'elle a été mise au point pour la
vue de la malade. Pourquoi ? c'est que c'est seulement dans
ce cas que la lorgnette modifie sa sensation visuelle ;
elle agrandit la surface du corps extérieur sur lequel
l'image est appliquée, d'où agrandissement de l'image, qui
se comporte comme un dessin sur une membrane de
caoutchouc.

Cette expérience, comme les précédentes, explique l'état
normal. Sans insister, rappelons simplement que, lorsque
nous nous rapprochons d'une personne, les sensations
visuelles se modifient graduellement ; en même temps, les
images provoquées par ces sensations se modifient dans le
même sens. Tout d'abord, si nous sommes très éloignés,
nous voyons une tache noire dont il est impossible de
reconnaître la nature, puis cette tache devient un objet plus
long que large, puis on distingue une personne, puis c'est
un homme, puis c'est un homme de telle condition, et enfin
c'est Monsieur un tel ; à mesure que les sensations se

modifient par le rapprochement, les images changent, deviennent plus abondantes, plus précises, et permettent finalement un acte de reconnaissance individuelle. C'est ce phénomène d'induction des sensations sur les images que l'hallucination rend très apparent.

Dans d'autres expériences nous avons remplacé la lorgnette par la loupe, qui agrandit un portrait imaginaire, et à une certaine distance, le renverse, par le cristal biréfringent qui produit un dédoublement spécial, assez compliqué, et enfin par le microscope, qui produit un agrandissement plus considérable que la loupe. Mais il s'agit toujours, dans ces différents cas, des mêmes phénomènes de réfraction, et il suffit d'en connaître un pour les comprendre tous.

Nous indiquerons, en terminant, l'expérience du miroir. Si on donne une hallucination sur un point fixe, par exemple l'hallucination d'un chat sur une table voisine, il est possible de faire réfléchir cet objet imaginaire dans un miroir plan, pourvu que ce miroir réfléchisse le point de la table où l'animal imaginaire est assis. Dès lors la malade voit deux chats; ils sont tous deux imaginaires, mais on peut dire que celui qui est refléchi est encore plus imaginaire que l'autre. En effet, si on ordonne à la malade de se saisir de ces animaux, elle prend facilement celui qui est sur la table, mais, quand elle veut saisir celui qui est réfléchi, sa main rencontre la paroi du miroir qui l'empêche d'aller plus loin. De plus, en observant les choses de près, on remarque que le miroir donne une *image symétrique* de l'objet imaginaire, comme si c'était un objet réel. C'est ainsi qu'une inscription imaginaire sur une feuille de papier est vue *renversée* dans le miroir. Tous ces résultats s'expliquent par l'existence du point de repère qui se réfléchit.

Ici je possède un cas qui établit clairement la transition entre l'hallucination et la perception. C'est un exemple d'illusion des sens, qui s'est trouvée réfléchie par un miroir. Un de mes amis m'a rapporté que, s'étant réveillé en sursaut pendant la nuit, il vit devant sa fenêtre, qui était légèrement éclairée, une forme humaine; bientôt il distingua que cette apparition représentait la Vierge; elle était debout, étendant les mains ouvertes; et de chaque doigt partait un rayon de feu. A côté de la fenêtre, il y avait une armoire à glace; la Vierge se réfléchissait dans la glace, comme un objet réel; la seconde image était absolument semblable à la première; l'attitude était la même, les mains ouvertes étaient entourées de la même auréole lumineuse. Mon ami, qui n'est nullement superstitieux, ne se laissa pas tromper par ce miracle apparent; s'étant approché de la fenêtre, il constata que l'illusion provenait d'un linge blanc suspendu à l'espagnolette; comme de juste, l'image du linge se réfléchissait dans la glace.

Bien que ce phénomène puisse paraître trop naturel pour mériter une mention, nous le citons parce qu'il montre que la même règle s'étend à l'hallucination, à l'illusion des sens et à la perception. L'étude de la perception se trouve singulièrement éclairée par ces rapprochements.

On comprend maintenant que, lorsque nous regardons dans un miroir un objet réel qui s'y réfléchit, il se passe quelque chose d'analogue à la réflexion d'une hallucination et d'une illusion. Le miroir, considéré au point de vue de la perception, est une sorte de répétiteur; il répète les sensations visuelles que l'objet produit sur nous directement; ces sensations répétées donnent lieu, comme si c'étaient des sensations directes, à une interprétation, à la construction par l'esprit d'un objet extérieur, c'est-à-dire, en définitive, à une suggestion d'images. On peut donc dire qu'à l'état normal une image de l'esprit se réfléchit dans un miroir, lorsqu'elle est en connexion avec une sensation.

Nous renvoyons le lecteur, qui désirerait de plus longs
détails sur ces phénomènes d'optique hallucinatoire, à
la monographie que nous préparons avec M. Féré sur l'hallucination. Le but que nous poursuivons ici n'est pas d'é-
tudier l'hallucination, mais d'expliquer la perception extérieure par l'hallucination, ce qui est bien différent.

II

Les expériences d'hypnotisme sur les hallucinations
visuelles nous ont fait pénétrer, en partie, dans le mécanisme de nos perceptions normales. Voici la principale
conclusion qui en ressort. Lorsqu'un objet extérieur
impressionne nos sens, l'esprit ajoute, de sa propre
initiative, aux sensations éprouvées, un certain nombre
d'images ; ces images, qui complètent la connaissance de
l'objet extérieur et présent, ne restent point inertes et
immobiles en présence des sensations, comme deux corps
qui n'auraient aucune affinité chimique l'un pour l'autre,
ou comme deux quantités algébriques qui seraient simplement reliées par le signe +. C'est plus qu'une juxaposi-
tion. Il se forme en réalité une combinaison des sensations
avec les images, et quoique ces deux éléments proviennent
de sources bien différentes, puisque l'un est sensoriel et
l'autre idéal, ils se réunissent pour former un seul tout.
Ce qui le prouve, c'est que, toutes les fois qu'on modifie le
groupe des sensations, il s'ensuit une modification corres-
pondante dans le groupe des images ; si avec un prisme on
dévie la sensation, l'image se dévie ; si avec une lorgnette
on agrandit la sensation, l'image s'agrandit ; si avec un
miroir on répète la sensation et on la rend symétrique,

4*

l'image se réfléchit et devient symétrique. Ce retentissement
sur l'image est un phénomène qui se passe tous les jours, à
toute heure, à tout instant, dans nos perceptions sensorielles, c'est-à-dire tout près de nous. Si nous ne le
remarquons pas, c'est qu'il est trop délicat, trop petit.
Pour le rendre plus apparent, il faut recourir à l'halluci_
nation qui le grossit.

Avec beaucoup d'auteurs, nous appellerons *percept* le
produit de la perception, c'est-à-dire les images de l'objet
extérieur définitivement acquises et liées à la sensation
excitatrice.

Il nous reste à étudier le lien qui unit la sensation à
l'image. Les expériences précédentes en ont prouvé l'existence, sans en faire connaître la nature.

On peut considérer la perception externe comme une opération de *synthèse*, puisqu'elle a pour résultat d'unir à des données fournies actuellement par les sens des données fournies
par des expériences précédentes. La perception est une
combinaison du présent avec le passé. Percevoir un corps
qui se trouve actuellement dans le champ de la vision, lui
reconnaître telle forme, telle grandeur, telle position dans
l'espace, telles qualités, etc., c'est réunir dans un même
acte de conscience des éléments actuels — c'est-à-dire les
sensations optiques de l'œil — et des éléments passés —
c'est-à-dire une foule d'images ; c'est faire de ces éléments
dépareillés un seul corps. C'est là un phénomène qui
échappe complètement à la conscience ; à ne consulter que
ce témoin, l'opération de percevoir un objet paraît être un
acte facile et naturel qui n'exige de notre part aucun effort
de réflexion ; en réalité, c'est là une illusion. L'expérience
et le raisonnement nous prouvent que dans toute perception il y a *travail*.

Mais la quantité de travail n'est pas constante ; il est clair
qu'elle varie suivant les circonstances. On aurait tort de
croire que la perception constitue une espèce unique ; c'est

une forme d'activité dont la nature est très variable, car elle
confine par une de ses extrêmes limites au raisonnement
conscient, formé de trois propositions verbales, et, par
l'autre bout, elle se confond avec les actes les plus élémentaires et les plus automatiques, les réflexes par exemple. La
quantité de travail que la perception consomme croît dans la
série ascendante, et devient même très sensible, quand
on approche des raisonnements dans lesquels intervient
une part manifeste de réflexion et de comparaison ; à l'inverse, le travail décroît quand on descend vers les actes
réflexes, sans devenir, toutefois, complètement nul. Il est
donc important de donner quelques exemples des diverses espèces de perceptions. Commençons par les formes
les plus basses.

« Avant tout (1), dit M. Sully, décrivant les degrés de la
perception visuelle, vient la construction d'un objet matériel, d'une forme et d'une grandeur particulière, à une
distance particulière, c'est-à-dire la reconnaissance d'une
chose tangible, ayant certaines propriétés d'espace simples,
et étant dans un certain rapport avec d'autres objets, et
plus particulièrement avec notre propre corps. C'est là la
simple perception d'un objet, qui a toujours lieu, même
lorsqu'il s'agit d'objets parfaitement nouveaux, pourvu
qu'on les voie d'une façon assez distincte. Cette partie de
l'action de combinaison, qui est la plus instantanée, la
plus automatique et la plus inconsciente, peut être considérée comme répondant aux rapports d'expérience les plus
constants, et par conséquent les plus profonds.

« La seconde phase de cette action de construction présen-
tative est la reconnaissance d'un objet comme faisant partie
d'une classe particulière, par exemple celle des oranges,
ayant certaines qualités spéciales, comme tel ou tel goût.
Dans cette phase, les rapports d'expérience sont moins

_____

(1) James Sully, *Illusions des sens et de l'esprit*, p. 17.

profondément organisés, de sorte que nous pouvons, dans une certaine mesure, par la réflexion, y reconnaître une sorte de mise en œuvre intellectuelle des matériaux que nous fournit le passé.

« Une phase encore moins automatique dans l'action de reconnaissance visuelle est l'acte de reconnaître les objets particuliers ; par exemple, l'abbaye de Westminster, ou notre ami John Smith. La somme d'expérience qui est reproduite ici peut être très considérable, comme lorsqu'il s'agit de reconnaître une personne avec laquelle nous sommes depuis longtemps intimes..... Arrivés à ces dernières phases de la perception, nous touchons à la commune limite de la perception et de l'inférence. Reconnaître un objet comme appartenant à une classe, c'est souvent affaire de réflexion consciente et de jugement, alors même que cette classe est constituée par des qualités matérielles de première évidence, et qui peuvent être considérées comme immédiatement saisies par les sens. A plus forte raison la perception devient-elle inférence quand la classe est constituée par des qualités moins faciles à saisir, qui exigent, pour être reconnues, une longue et laborieuse suite de souvenirs, de distinctions et de comparaisons..... Dire où il faut tracer ici la ligne de démarcation entre la perception et l'observation d'une part, et l'inférence de l'autre, est évidemment impossible. »

Ajoutons que la perception, dans les phases les plus élevées de son développement, prend un caractère particulier. Dans la perception rudimentaire, l'esprit infère simplement des sensations qu'il reçoit par l'un de ses organes (par exemple l'œil) que l'objet a encore d'autres propriétés que les autres sens percevraient, si c'était nécessaire et si nous le désirions ; ainsi lorsque nous regardons une barre de fer rougie au feu, la couleur rouge réveille en nous l'idée de la chaleur, que nous pourrions éprouver directement en approchant notre main.

Une telle perception se réduit à une suppléance du toucher par la vue.

Mais dans les perceptions plus complexes qui tiennent du raisonnement proprement dit, il en est tout autrement ; lorsque nous reconnaissons à l'inspection d'une simple feuille qu'une plante est de la saponaire ou du lilas, lorsque nous découvrons, sur le terreau d'une route forestière, la corne d'un brocard, la pince d'un sanglier, ou la griffe d'un loup, la sensation que notre œil reçoit évoque l'image d'objets dont nous ne pouvons pas faire immédiatement l'expérience. Cependant ce sont toujours des opérations du même genre, des suggestions d'images par une sensation actuelle, et il n'y a pas de raison de croire que le mécanisme de cette suggestion soit différent dans les deux cas.

Pour résumer, on peut réduire tous les actes de perception à deux types : la reconnaissance spécifique et la reconnaissance individuelle. Il serait intéressant de savoir si une perception individuelle commence par être générique, et n'arrive que par degrés, par une progression régulière, à son développement complet. D'après cette hypothèse, lorsque nous voyons une personne que nous connaissons, nous la percevons d'abord comme un corps solide, puis comme un homme, et enfin comme étant un tel. Ce développement progressif existe ; il n'est pas seulement probable, il est réel; voici quelques expériences d'hypnotisme qui le démontrent.

Parmi les effets que la suggestion est capable de produire chez une personne hypnotisée, un des plus intéressants sans contredit est celui de l'*anesthésie systématisée*. C'est l'opération qui consiste à rendre une personne ou un objet invisible pour le sujet ; c'est, à proprement parler, la suppression isolée d'une perception particulière (1).

---

(1) Binet et Féré, *le Transfert* (*Revue philosophique,* janvier 1885.) Une analyse de ces expériences a été publiée par M. Richer (op. cit., p. 724 et seq.)

Nous nous rappelons encore les effets qu'eut sur un de nos sujets, la nommée W..., la première expérience d'anesthésie. Nous fîmes cette expérience avec M. Féré. W... étant endormie, on lui suggéra qu'à son réveil elle ne verrait plus M. Féré, mais qu'elle pourrait entendre sa voix. A son réveil, M. Féré se place devant elle; elle ne le regarde pas; il lui tend la main, elle ne fait aucun geste. Elle reste tranquillement assise dans le fauteuil où elle vient de se réveiller; nous sommes assis sur une chaise, à côté. Au bout de quelque temps, elle s'étonne de ne pas voir M. Féré, qui était tout à l'heure dans le laboratoire, et nous demande ce qu'il est devenu. Nous répondons: « Il est sorti; vous pouvez retourner dans votre salle. » M. Féré va se placer devant la porte. La malade se lève, nous dit bonjour, et se dirige vers la porte; au moment où elle va saisir le bouton, elle se heurte contre le corps invisible de M. Féré. Ce choc inattendu la fait tressaillir; elle essaye de nouveau d'avancer, mais, rencontrant la même résistance inexplicable, elle commence à avoir peur et refuse de renouveler la tentative.

Nous saisissons sur la table un chapeau, nous le montrons à la malade; elle le voit parfaitement bien, et s'assure, avec ses yeux comme avec ses mains, que c'est un corps réel ; puis nous le plaçons sur la tête de M. Féré. La malade voit le chapeau comme suspendu en l'air. Aucun terme ne saurait peindre son étonnement; mais sa surprise arrive à son comble quand M. Féré enlève le chapeau de sa tête et la salue à plusieurs reprises : elle voit le chapeau décrire une courbe en l'air, sans que rien le soutienne. A ce spectacle, elle déclare que « c'est de la physique » et suppose que ce chapeau est suspendu par un fil. La voilà qui monte sur une chaise pour chercher à toucher ce fil, mais elle ne parvient pas à le trouver. Nous prenons encore un manteau et nous le passons à M. Féré qui l'endosse; la malade qui contemple fixement ce manteau avec un regard émerveillé le voit s'agiter en l'air, et prendre la forme d'un individu. C'est, dit-elle, « comme un mannequin dans lequel il y aurait du vide ». A notre voix, les meubles s'agitent et roulent avec fracas d'un bout de la pièce à l'autre (c'est tout simplement M. Féré invisible qui les déplace); des tables et des chaises se renversent, puis l'ordre succède au chaos; les objets se remettent à leur place, les os désarticulés d'une tête de mort, qui se sont éparpillés sur le sol, se rejoignent et se ressoudent; un porte-monnaie s'ouvre tout seul, et des pièces d'or et d'argent en sortent et y rentrent.

L'expérience de l'invisibilité de M. Féré avait été faite le 20 mai de l'année dernière; à la fin de la séance, on négligea de rendre M. Féré visible, ce qu'on aurait pu faire en rendormant la malade, et en lui assurant, à plusieurs reprises, avec autorité, qu'elle pouvait voir M. Féré. Le 23 mai, l'invisibilité de M. Féré continuait; on voulut faire cesser ce phénomène d'anesthésie par une nouvelle suggestion; on observa alors quelque chose de très remarquable.

Tout d'abord, il fut constaté, à la surprise de tous, que la malade, non seulement cessait de voir M. Féré, mais en avait perdu tout souvenir, bien qu'elle le connaisse depuis tantôt dix ans; elle ne se souvenait ni de son nom, ni de son existence. Après l'avoir endormie, on eut beaucoup de peine à rendre M. Féré visible pour ses yeux; une fois réveillée, elle revit enfin sa personne, mais, chose curieuse, elle ne le reconnut pas, et le prit pour un inconnu. Le plus comique fut de la voir se fâcher quand M. Féré lui adressa la parole en la tutoyant. Quelques jours après, la malade eut dans la salle une des grandes attaques d'hystéro-épilepsie auxquelles elle est malheureusement sujette; cette attaque balaya complètement les dernières traces de l'anesthésie, et dès lors la malade reconnut enfin M. Féré, sans se douter que pendant quatre ou cinq jours, elle l'avait pris pour un étranger qui visitait le service.

Nous trouvons, dans cette dernière expérience (1), qui s'est en quelque sorte faite toute seule — ce sont les meilleures— une application intéressante de la *loi de régression*, dont M. Ribot a montré l'importance dans les destructions et les reconstructions de la mémoire et qui est en réalité une loi de pathologie générale. L'anesthésie systématisée consiste, au point de vue psychologique, dans la paralysie d'une perception individuelle. Nous voyons ici l'anesthésie disparaître peu à peu, par degrés, avec une lenteur suffisante pour nous permettre d'en saisir la marche. La malade, qui d'abord avait complètement perdu la perception de M. Féré, commence, sous l'influence d'une suggestion curative, par percevoir sa personne, sans le reconnaître; la perception générique a reparu ; la perception individuelle, plus complexe, est encore paralysée; elle voit un homme, sans savoir qui c'est. Puis l'attaque arrive, comme une de ces grandes débâcles intestinales qui débarrassent l'économie d'une substance toxique. Dès lors, la perception individuelle reparaît, la reconnaissance a lieu.

Cette renaissance de la perception, qui se reconstruit pièce à pièce, en suivant l'ordre du simple au complexe, du général à l'individuel, démontre l'hypothèse que nous avions avancée : les divers ordres de perceptions qu'on distingue sous les noms de perception générique, spécifique, individuelle, ne sont que les phases plus ou moins avancées d'un même processus. Il existe une *continuité* parfaite entre les perceptions les plus simples, comme par exemple la perception d'une couleur, et les percep-

_____

(1) Nous citons une seule expérience, mais elle n'est pas unique. Il paraît être de règle que l'anesthésie systématique disparaît de la façon indiquée.

tions compliquées qui touchent aux raisonnements logiques et conscients ; et enfin un même acte, en se développant, en évoluant, commence par être une perception simple et se transforme par degrés en un raisonnement complexe.

Une comparaison traduira cette idée sous une forme sensible. Le point de départ de chaque perception est une impression des sens; cet élément initial est comme un noyau autour duquel se disposent concentriquement des couches d'images. Mais ces couches ne sont pas identiques; les images que la sensation suggère les premières, et qui forment la couche la plus profonde, la plus résistante, représentent les propriétés physiques de l'objet, forme, grandeur, consistance physique, poids, etc., et ses propriétés spécifiques les plus simples. La preuve, c'est que ces propriétés sont les premières perçues quand l'anesthésie systématisée commence à disparaître. Au contraire, les images représentant les caractères individuels de l'objet constituent la couche la plus superficielle et par conséquent la plus instable. Formées les dernières, elles disparaissent les premières sous l'influence d'une suggestion inhibitoire.

Nous n'avons envisagé jusqu'ici qu'un seul aspect du percept, en le décrivant comme une synthèse de sensations et d'images. Au point de vue logique, le percept est un *jugement*, un acte qui détermine un rapport entre deux faits, ou en d'autres termes un acte qui affirme quelque chose de quelque chose. Nous nous contentons de reproduire un exemple cité par M. Paulhan, dans un petit livre qui vaut mieux que beaucoup d'ouvrages plus volumineux :

« J'ai un livre devant les yeux, et j'affirme qu'il est jaune. Si nous décomposons ce jugement, nous trouvons que ce que j'affirme est la coexistence d'une sensation réelle (couleur jaune) avec d'autres sensations que j'ai ou que je puis avoir (couleur blanche des tranches du livre, couleur noire des lettres imprimées, sensations de résis-

BINET.   5

tance, de poids, etc.) Mais quelle est la nature de l'acte
par lequel je crois que ces diverses sensations sont unies
ensemble ? Il n'y a pas autre chose dans l'esprit que la
cohésion de ces diverses sensations... Le jugement se
réduit donc à une association d'images, momentanément
indissoluble : il s'accompagne souvent d'une affirmation
exprimée par des mots pensés, prononcés ou écrits (une
proposition verbale), mais il peut exister indépendamment
de toute expression, il peut ne consister qu'en images (1). »

C'est la première fois que nous avons à parler de la
valeur logique d'une association d'images. Cette question
a été longuement traitée par les psychologues anglais contemporains ; nous ne pouvons que renvoyer à leurs
ouvrages, où l'on verra établi : que tout jugement a pour
but d'affirmer entre deux choses une relation de ressemblance, de contiguïté ou de succession (2) ; que cette affirmation, cette croyance, ce jugement sont des effets extérieurs d'un fait interne, l'association des images présentes
à notre esprit (3) ; et qu'enfin, conclusion générale, toutes
les fois que deux images sont fortement associées, comme
par exemple l'image d'une pierre qu'on lance en l'air
et l'image de sa chute, ou même indissolublement associées comme l'image d'une chose résistante et l'image
d'une chose étendue, nous croyons que les choses ainsi
liées dans notre esprit le sont de la même façon dans la
réalité (4). Cela revient à dire que nous extériorisons une
association d'images comme nous extériorisons une image.

(1) F. Paulhan, *la Physiologie de l'esprit*, p. 73.
(2) J. S. Mill, *Logique*, t. I, pp. 109 et 111.
(3) H. Spencer, *Principes de psychologie*, t. II, p. 424.
(4) J. S. Mill, *Philosophie de Hamilton*.

III

On vient de voir que le percept est un édifice compliqué, construit avec des sensations et des images, et formé visiblement de plusieurs assises. Nous sommes déjà loin de l'opinion vulgaire d'après laquelle la fonction de l'esprit qui perçoit un objet est celle de la plaque sensible, dans un appareil de photographie; à mesure que nous avancerons encore dans le cœur de notre sujet, nous serons de plus en plus convaincus de l'insuffisance de cette comparaison.

A plusieurs reprises, faisant allusion à la nature psychologique de la perception, nous y avons vu le résultat d'un raisonnement inconscient. Bien que ce point soit admis généralement, sauf quelques nuances et quelques réserves accessoires, par les psychologues contemporains, il forme une partie trop importante de notre sujet pour qu'il nous soit permis de l'accepter sans discussion et sans preuve. C'est là une question qui mérite d'être abordée de front.

Avant de discuter un problème, il faut en poser les termes bien exactement. Nous n'avons pas l'intention d'assimiler d'une manière complète la perception à un raisonnement en forme. Il est clair que, comprise dans ce sens la thèse, que nous soutenons devient un paradoxe. Il est paradoxal de soutenir que l'acte de reconnaître un objet par la vue ou par le toucher ressemble à un syllogisme. Aussi, n'allons-nous pas jusque-là; et si nous insistons à ce sujet, c'est pour prier nos critiques de ne pas nous combattre en essayant de réfuter ce que

nous n'avons jamais dit. Ce que nous disons, ce que
nous croyons vrai, ce que nous allons démontrer, c'est qu'il
y a dans le raisonnement en forme des caractères essentiels qui se retrouvent dans la perception externe ; que les
deux actes, si dissemblables en apparence, ont cependant
la même structure interne, la même ossature. Pour
prendre une comparaison tirée des sciences naturelles, la
perception externe est un raisonnement, au même titre
que l'amphioxus, qui n'a pas de vertèbres, est un ver-
tébré.

Pour démontrer cette thèse, on peut prendre au hasard
un exemple de perception externe et un exemple de raisonnement en forme, et faire le parallèle des deux. Comparons *la perception d'une orange* au syllogisme banal des
écoles : *Tous les hommes sont mortels, Socrate est homme,
Socrate est mortel.*

Lorsque nous regardons une orange, nous éprouvons
un certain nombre d'impressions. C'est d'abord une
impression visuelle de couleur, de lumières et d'ombres,
formée à la vérité par un agrégat très complexe de sensations simples. L'appareil musculaire de l'œil, réveillé
par l'excitation de la rétine, devient le siège de contractions qui s'accompagnent de sensations musculaires
définies ; il faut noter le rétrécissement de l'ouverture
pupillaire, la convergence des axes des deux yeux, la con-
traction du muscle de l'adaptation focale, les mouvements
des yeux dans l'orbite, etc. ; il y a encore les mouvements
de la tête, du col et du tronc, qu'on exécute inconsciem-
ment pour permettre aux rayons lumineux d'atteindre la
surface de la rétine et la partie la plus sensible de cette
surface, c'est-à-dire la tache jaune. Voilà à peu près toutes
les sensations réelles que nous recevons de l'objet ou à
propos de l'objet ; tout le reste en est connu indirectement, à l'état d'images.

Ainsi, la direction et la distance de l'objet, c'est-à-dire sa position dans l'espace, et sa grandeur, sont trois faits importants fournis, non par les sens, mais par l'esprit; ce n'est pas tout; *on croit voir*, c'est-à-dire qu'on voit par les yeux de l'esprit, la forme sphérique de l'orange, sa surface lisse et pointillée, le suc qu'elle renferme, la disposition si compliquée de ses parties internes, la présence des graines, et en même temps *on croit sentir* son poids, sa consistance légèrement élastique, son odeur, son goût, et *on croit entendre* prononcer son nom.

Si on continue à regarder l'orange, on détermine le réveil des images relatives à son utilité pratique, à l'action de la couper avec un couteau, de la porter à la bouche, de la sucer et d'en rejeter la pulpe et les pépins.

Enfin, il existe un nombre immense d'images qu'on ne peut même pas mentionner parce qu'elles sont personnelles à chaque observateur, et dépendent de son expérience passée et de son éducation scientifique. Toutes ces images sont réveillées, à un degré quelconque, par la présence de l'objet, et gravitent autour de cette simple impression d'une tache jaune, reçue par l'œil.

Chez un sujet livré à l'automatisme, cette suggestion d'images par un objet extérieur est si vive qu'elle se traduit au dehors par une série d'actes. On donne un parapluie à Wit... en somnambulisme ; elle le prend, et aussitôt elle frissonne comme si elle sentait l'approche de l'orage ; puis elle l'ouvre et se met à marcher dans le laboratoire, en retroussant sa jupe et en regardant à ses pieds ; de temps en temps, elle saute un ruisseau. Le tableau est fort curieux (1).

Que l'on compare maintenant la perception d'une orange avec un raisonnement en forme ayant pour objet la mort de Socrate, quelle analogie découvrira-t-on ?

1° Il est à peine besoin de remarquer que ces deux actes

(1) Pour d'autres exemples, voir Richer, *op cit.*, p. 692 et séq.

appartiennent à la connaissance indirecte et médiate.
Lorsque nous affirmons la mort future d'une personne
vivante, en nous fondant sur la mort des autres hommes,
notre affirmation devance le cours des événements, c'est
une prévision. De même, lorsque nous regardons une
orange, et que nous affirmons, explicitement ou implicitement, peu importe, que « ceci est une orange », nous
dépassons, par un acte de notre esprit, la limite de notre
expérience actuelle. C'est précisément ce que l'analyse
précédente a eu pour but de démontrer. Les caractères de
structure, de poids, de goût, etc., attribués à une orange
ne sont pas compris dans l'impression visuelle qui vient de
l'orange ; en affirmer l'existence, c'est donc aller au delà de
la sensation, c'est donc accomplir un acte qui relève de la
connaissance indirecte. Toute perception ressemble à une
conclusion de raisonnement ; elle contient, comme la
conclusion logique, une décision, une affirmation, une
croyance, relatives à un fait qui n'est pas connu directement par les sens ; elle est, en d'autres termes, une transition d'un fait connu à un fait inconnu.

2° Les deux actes que nous comparons ont pour trait
commun de supposer l'existence de certains états intellectuels antérieurs — c'est-à-dire de souvenirs. Pour le
raisonnement en forme, ces états préparatoires s'appellent des prémisses. Sans prémisses, pas de conclusion.
Notre esprit n'accepte cette proposition. « Socrate est
mortel » que parce qu'il connaît la vérité d'une proposition
différente : « tous les hommes sont mortels ». C'est là, d'ailleurs, un caractère distinctif de tous les procédés indirects
de connaissance ; étant indirects, ils exigent nécessairement
une preuve. Peu importe que cette preuve soit présente
ou non à l'esprit, au moment où nous nous en servons ;
ce qui est essentiel et suffisant, c'est que nous la connais-
sions. Il existe ainsi beaucoup de raisonnements simplifiés
dont les prémisses sont inconscientes. La plupart des

inférences que nous faisons journellement, pour les besoins de la vie pratique, sont dans ce cas. M. Spencer en donne un exemple intéressant :

« On vous dit que Monsieur un tel, qui a quatre-vingt-dix ans, est en train de bâtir une nouvelle maison ; vous répondez aussitôt qu'il est absurde qu'un homme si près de la mort fasse de tels préparatifs pour la vie. Mais comment venez-vous à penser à la mort de Monsieur un tel ? Vous êtes-vous d'abord répété la proposition : » Tous les hommes doivent mourir ? » Rien de semblable. Certains antécédents vous amènent à penser à la mort comme un des attributs de Monsieur un tel, sans penser d'abord que c'est là un attribut de l'humanité en général. Si quelqu'un ne considérait pas la folie de Monsieur un tel comme démontrée, vous lui répondriez probablement : « il doit mourir et bientôt », sans même faire appel au fait général. Et c'est seulement si l'on vous demandait *pourquoi* il doit mourir que vous auriez recours par la pensée ou par la parole à l'argument : « Tous les hommes doivent mourir : donc Monsieur un tel doit mourir. » On sait que, d'après M. Spencer, le syllogisme représente, non le procédé par lequel on atteint la conclusion, mais le procédé par lequel on la justifie ; en d'autres termes, le syllogisme, en reproduisant à propos les données d'un raisonnement, nous permet de voir si nous affirmons plus que nous ne connaissons absolument, et si la conclusion est réellement impliquée dans les prémisses, comme nous le supposons. L'exemple cité explique cette théorie.

Revenons maintenant à la perception d'une orange et nous n'aurons pas de peine à constater que cet acte exige, comme un raisonnement, des antécédents logiques. Ce que notre œil nous fait connaître directement, c'est l'impression d'une tache jaune ; personne ne soutiendra que nous pourrions conclure de cette sensation, en dehors de toute expérience, et par une sorte de mécanisme préétabli, qu'il existe à la portée de notre main une orange, un fruit qu'on peut couper, manger, sucer et qui apaise la soif, etc. Si jamais aucune expérience n'était intervenue, notre intelligence ne verrait rien au-delà de notre sensation actuelle, et il n'y aurait pas de perception, au sens propre du mot. Si, au contraire, nous pouvons reconnaître l'orange, c'est que notre œil a reçu une éducation préalable ; c'est que nous avons appris à associer, dans d'autres occasions, une certaine impression de l'œil (la vue de l'orange) avec toutes les autres impressions que nous avons éprouvées autrefois, quand nous avons pris l'orange entre les mains pour la couper et la manger.

Voilà donc un second point de contact entre la perception d'un objet extérieur et un raisonnement. Ces deux actes supposent des états plus anciens, des souvenirs. Ces antécédents logiques s'appellent des *prémisses* pour le raisonnement, des *expériences antérieures* pour la perception. La prémisse du raisonnement analysé, c'est : « Tous les hommes sont mortels. » Celle de la perception pourrait, à la rigueur, être formulée d'une façon analogue : « Tous les corps sphériques de couleur jaune et d'une certaine grandeur sont des fruits remplis de jus sucré. » Quoi qu'il en soit, on voit que la perception consiste, comme le raisonnement, dans l'application d'un souvenir à la connaissance d'un fait nouveau, et aboutit à la généralisation de ce souvenir.

Il y a plus.

Si dans la plupart des raisonnements les prémisses restent inconscientes, dans toutes ou presque toutes les perceptions, les expériences antérieures qui les rendent possibles ne sont pas davantage rappelées à l'esprit. Ainsi, dès que nous voyons une certaine tache jaune, nous affirmons tout de suite « ceci est une orange » ; il n'y a pas de retour conscient vers le passé, et par conséquent pas d'allégation de preuve. C'est seulement si

l'on met en doute l'exactitude de notre perception que
nous invoquerons notre expérience passée ; exactement
comme pour nos inférences journalières.

3° Nous poursuivons notre parallèle pour voir jusqu'à
quel point il est juste. On sait que le fondement de tout raisonnement est la reconnaissance d'une *similitude* ; le raisonnement peut être défini grossièrement : la transition d'un fait
connu à un second fait inconnu, par le moyen d'une ressemblance. Lorsque nous parcourons mentalement le syllogisme
suivant : « tous les hommes sont mortels, Socrate est
homme, donc Socrate est mortel », nous passons d'un fait
connu (la mortalité des hommes) à un fait inconnu (la
mort de Socrate), grâce à la relation de ressemblance que
nous découvrons entre les deux faits ; cette ressemblance
fait l'objet d'une proposition spéciale : « Socrate est
homme. » Il n'existe pas de raisonnement au monde qui ne
contienne, à l'exemple de celui-là, l'affirmation d'une
ressemblance ; mais cette affirmation prend diverses formes
et s'appelle de divers noms : comparaison, classification,
récognition, etc. On sait même que l'école d'Aristote assimile
le raisonnement à une classification. Conclure que Socrate
est mortel, ce serait ranger Socrate dans la classe des
hommes, dont la mortalité est un attribut.

La perception d'un objet extérieur suppose un acte
d'identification semblable. Pour reconnaître, avec la vue
seule, que nous avons devant nous une orange, il ne suffit
pas que des expériences passées aient formé une association entre un morceau de couleur jaune-rouge et certains
caractères de structure, de toucher, de goût et de poids ;
il faut, de plus, qu'il existe une ressemblance entre les
deux expériences passée et présente ; il faut que les deux
morceaux de couleur aient la même couleur, la même
teinte. Nous ne songeons pas, en général, à nous assurer de
cette ressemblance par un acte volontaire de comparaison ; mais il n'en est pas moins vrai qu'il faut qu'elle

5*

existe. Bien plus, nous sommes, la plupart du temps, très habilesà discerner une ressemblance réelle d'une analogie trompeuse.

Quelques auteurs ont même assimilé la perception à une opération de classement, comme on l'a fait pour le raisonnement logique. Selon eux, la perception visuelle d'un objet consisterait à classer la sensation qu'on éprouve dans le groupe des sensations analogues qui ont été éprouvées antérieurement. Cette idée a été longuement développée par M. Spencer.

En résumé, la perception et le raisonnement ont en commun les trois caractères suivants : 1° appartenir à la connaissance médiate et indirecte ; 2° exiger l'intervention de vérités antérieurement connues (souvenirs, faits d'expérience, prémisses) ; 3° supposer la reconnaissance d'une similitude entre le fait qui est affirmé et la vérité antérieure sur laquelle il s'appuie. La réunion de ces caractères montre que la perception est comparable à la conclusion d'un raisonnement logique (1).

C'est là une de ces vérités tellement bien démontrées qu'elle a pénétré dans tous les livres. M. Helmholtz dit à ce propos : Les jugements par lesquels nous remontons des sensations à leurs causes appartiennent, par leurs résultats, à ce qu'on appelle les jugements par induction (2) ;

---

(1) Remarquons que s'il existe tant de définitions différentes du raisonnement, cela tient à ce que chacune d'elles n'envisage qu'un seul des caractères précités. Ainsi, la définition suivante : *le raisonnement est une transition du connu à l'inconnu*, ou encore, *le raisonnement est une démonstration*, se réfère au premier caractère ; la définition : *le raisonnement est une extension d'une connaissance antérieure*, se réfère au second ; la définition : *le raisonnement est une classification*, se réfère au troisième.

(2) Induction est inexact. Dans la perception, l'esprit ne s'élève jamais jusqu'à une conclusion générale ; il conclut simplement sur l'objet présent aux sens. C'est une inférence du particulier au particulier, et même, dans le cas où la perception s'appuie sur un nombre considérable d'expériences antérieures, c'est une déduction.

et à l'appui, il cite l'exemple suivant : « Comme dans une majorité innombrable de cas l'excitation de la rétine à l'angle externe de l'œil provenait d'une lumière qui arrivait à l'œil en venant du côté nasal, nous jugeons qu'il en est de même dans tout cas nouveau où l'excitation intéresse la même partie de la rétine, de même que nous prétendons que tout homme qui vit à présent doit mourir, parce que l'expérience nous a appris que jusqu'ici tous les hommes finissent pas mourir. » On pourrait extraire des citations analogues des ouvrages de Mill, de MM. Spencer, Bain, etc.

Il serait facile de poursuivre et de renouveler la comparaison que nous avons établie entre la perception et le syllogisme, en remarquant que si la perception est un raisonnement, l'illusion des sens est un *sophisme*. Cette déduction a été tirée depuis longtemps ; on a même cherché à dégager la règle de logique qui se trouve violée par la plupart des illusions. Citons un exemple, en l'empruntant à la catégorie des *illusions passives*, qui ont été très soigneusement étudiées par M. J. Sully (1). Appuyez avec le doigt sur la partie externe de la paupière abaissée, vous verrez apparaître une sorte d'anneau lumineux : cette image, qui représente le bout du doigt, ne sera pas localisée au point où la rétine a été excitée, mais en dedans et en haut, vers la partie supérieure du nez, juste à la place où est *généralement* située la source lumineuse qui agit sur la rétine à l'endroit touché. Le sophisme contenu dans ce raisonnement inconscient consiste à prendre pour une loi absolue une règle valable seulement pour certains cas. Les erreurs de ce genre se rencontrent très fréquemment dans la physiologie des organes des sens.

On peut considérer maintenant comme suffisamment démontré que la perception est un raisonnement. Nous ne nous attarderons donc pas à discuter l'opinion de quelques

(1) *Op. cit.*, passim.

penseurs qui tiennent à tirer une ligne entre le raisonnement
et l'inférence, et ne veulent voir qu'une inférence dans la
perception. D'après ces auteurs, l'inférence serait la simple
consécution par laquelle l'esprit passe d'une idée à une
autre, comme lorsqu'un Hollandais traversant une ville de
l'Inde s'attend à y trouver une taverne ; cette opération-là,
bien qu'étant un passage du connu à l'inconnu, ne serait
qu'un pseudo-raisonnement, une esquisse qui ne mérite pas
le nom de l'œuvre achevée. Mais il y a dans le raisonnement,
toujours d'après les mêmes auteurs, autre chose que ce rapprochement de faits dans la conscience. Le raisonnement
est l'acte réfléchi par lequel l'esprit adopte une proposition,
parce qu'il y voit la conséquence logique d'autres propositions qu'il tient pour vraies : de sorte qu'il n'y a d'opération rationnelle que là où toutes les prémisses sont
présentes à l'esprit, et où l'esprit aperçoit le rapport qui
relie les prémisses à la conclusion (1).

Nous rejetons cette distinction arbitraire. Inférence ou
raisonnement, c'est toujours la même chose ; nous
venons de le démontrer pour la perception, où l'analyse
révèle les parties essentielles d'un syllogisme. Comment
pourrait-on soutenir, après cette analyse, que la perception
est une simple consécution ? Tout ce qu'on peut accorder,
c'est qu'en fait certains raisonnements sont conscients et
que d'autres sont automatiques. La perception est de ce
second ordre. Mais on ne doit pas attacher grande valeur à
cette différence. La conscience accompagne les processus
physiologiques du raisonnement, de la sensation, du souvenir, etc., elle ne les constitue pas : c'est un épiphénomène,
et rien de plus (2). Autant qu'on peut s'en rendre compte
par des expériences de mesure faites sur les sensations, la

(1) Brochard, *Logique de Stuart Mill, Revue philos.*, t. XII.
(2) Ribot, *Maladies de la mémoire*, p. 23, et *Maladies de la personnalité* (introduction).

conscience est soumise à des conditions de durée et d'intensité; si ces conditions sont réalisées, elle existe; sinon, elle manque. Mais, dans tous les cas, elle apparaît et disparaît sans porter atteinte au travail des cellules nerveuses, qui se poursuit silencieusement avec la même fatalité.

IV

On vient de voir que le travail contenu dans toute perception est identique à l'opération qui consiste à tirer une conclusion, quand les prémisses sont posées. On a pris en même temps une idée sommaire de la nature de ce travail. Poussons plus avant, nous allons essayer de donner une *explication du raisonnement.*

Mais avant d'aborder ce grand problème, auquel ce livre est tout entier consacré, arrêtons-nous à quelques considérations préliminaires. Nous avons l'intention de donner une théorie psychologique du raisonnement. Pour que cette théorie soit juste, pour qu'elle soit seulement acceptable, il faut évidemment qu'elle satisfasse à certaines conditions, qu'elle s'adapte à certains faits psychiques déjà connus et tenus pour certains. La psychologie n'est plus dans cet état d'enfance que toute science a connu, et où il est permis à chacun d'échafauder librement des explications fantaisistes qui ne reposent sur rien.

Dans toute science en voie de s'organiser, une théorie nouvelle n'a droit de cité que quand elle s'appuie sur des faits

admis ; si par exemple quelqu'un prétendait avoir découvert
le mouvement perpétuel, on aurait le droit de repousser sa
prétendue découverte sans examen, car elle serait contraire
à toutes les lois de la mécanique. La psychologie a aussi
ses questions de mouvement perpétuel. Donc, avant de
chercher la solution de notre problème, mettons-le en
équation, afin de préciser les conditions auxquelles la solution devra satisfaire pour être juste.

Première condition. Stuart Mill a remarqué que toutes les
explications psychologiques, sans exception, sont soumises
à une condition générale ; c'est d'être une application des
lois d'association par ressemblance et par contiguïté (1). Rendre
compte d'un fait psychologique, c'est, d'après Stuart Mill,
montrer qu'il est un cas particulier des lois d'association.
Nous n'avons pas l'intention d'apprendre au lecteur ce
qu'on entend par ces lois : le sujet est bien connu, grâce
aux nombreuses analyses que nous avons des ouvrages
anglais. Rappelons simplement que l'association par ressemblance est la loi par laquelle les idées, images, sentiments qui sont semblables s'appellent dans l'esprit ; c'est
ainsi qu'un portrait évoque l'idée du modèle. Rappelons
également que l'association par contiguïté est la loi par
laquelle deux phénomènes qui ont été expérimentés
ensemble ont une tendance à s'associer dans notre esprit,
de telle sorte que l'image de l'un rappelle l'image de l'autre.
Telles sont les lois d'association ; nos sèches formules ne
peuvent pas donner une idée de l'immense quantité de
phénomènes que ces lois expliquent. Cependant, nul n'a le
droit de soutenir que ces lois sont les seules, et qu'il n'en
existe pas d'autres. Nous ne pouvons nous figurer que
nous connaissons dès à présent *toutes* les lois de l'esprit.
Ce serait une présomption singulière. Aussi croyons-nous

(1) John Stuart Mill, *Dissertations and discussions,* III, 105 et seq.

que Stuart Mill a été trop exclusif, quand il a dit que toutes
les explications psychologiques consistent à ramener aux
lois d'association le fait à expliquer. Ce qu'il faut retenir
de l'opinion de Stuart Mill, c'est qu'en psychologie comme
dans toutes les autres sciences, une explication ne doit
rien postuler en dehors des vérités connues et établies à la
même époque ; or, comme les seules lois psychologiques
qu'on puisse, quant à présent, considérer comme établies, sont celles de l'association, il n'y a qu'elles que l'on
puisse provisoirement faire intervenir dans des explications.
Nous avons là un signe précieux qui permet de distinguer à
première vue une explication sérieuse de ces caricatures
d'explication qui ne sont que des hypothèses bâties sur
d'autres hypothèses.

Seconde condition. Pour le psychologue, toute proposition
verbale se résout en une association d'images et la démonstration d'une proposition, le raisonnement, est la
création d'une association nouvelle. M. Spencer a défini très
justement le raisonnement : « *l'établissement d'une relation
entre deux termes* », et il a développé, avec une grande
abondance de détails, le sens et la portée de sa définition.

Nous avons déjà eu l'occasion de montrer que dans
toute perception il y a travail, et que ce travail aboutit à
une synthèse de sensations et d'images (1). Percevoir un
objet, une orange, par exemple, et reconnaître l'existence
et la nature de ce fruit placé devant nous, c'est associer à
une impression de l'œil un certain nombre d'attributs dont
nous ne prenons pas connaissance directement ; or, associer deux groupes de qualités, c'est juger, c'est, comme
le veut la définition de M. Spencer, établir une relation
entre deux termes.

(1) Voir page 66 et page 76.

Ceci établi, la question qui se pose est la suivante : comment cette synthèse s'est-elle formée ? Par quel procédé s'établit-il une relation entre les deux termes ? Comment passons-nous d'une impression de couleur jaune rouge reçue par l'œil à l'image de tous ces attributs qui caractérisent une orange ? Ou encore (car nous tenons à montrer toutes les faces du problème), comment *jugeons-nous* que « ceci est une orange » ?

Troisième condition. M. Spencer ajoute un mot à la définition précitée du raisonnement ; le raisonnement, dit-il, est l'établissement *indirect* d'une relation entre deux termes. Cet adjectif sera bien compris au moyen d'un exemple. Supposons qu'au lieu de nous borner à regarder l'orange, nous saisissions le fruit et nous occupions à le peler et à le manger ; à mesure que nous accomplirons ces différents actes, il se formera dans notre esprit une association entre la vue de l orange et d'innombrables sensations de la main et du goût ; la formation de cette relation sera *directe*, produite par l'expérience, elle viendra du dehors. Au contraire, lorsque nous percevons l'orange, à distance, sans la toucher, c'est-à-dire lorsque nous *raisonnons* sur notre sensation visuelle, la relation qui s'établit entre cette sensation et l'image mentale des attributs est *indirecte*, en ce sens que l'expérience actuelle ne la fournit pas, et qu'elle est produite par la mise en œuvre d'autres états intellectuels, des prémisses.

Exprimons ce fait dans le langage précis de la psychologie. Qu'est-ce qu'une prémisse ? C'est un jugement, une association d'images. Par conséquent, qu'est-ce qu'une conclusion engendrée par des prémisses ? C'est une association d'images engendrée par d'autres associations.

On peut donc formuler ainsi la troisième question qui se pose : Comment les deux associations toutes faites qui constituent les prémisses peuvent-elles se réunir pour en former une troisième, celle qui constitue la conclusion du raisonnement ?

Nous tenons la pierre de touche avec laquelle on peut s'assurer si une théorie psychologique du raisonnement est vraie ou fausse. Faisons l'essai de ce critérium.

Il existe très peu de théories du raisonnement qui soient en harmonie avec les idées modernes et méritent une discussion. L'école spiritualiste française, qui en est restée, sur bien des questions, à la vieille doctrine des entités, explique généralement le raisonnement par une faculté de raisonner ; quelques partisans de cette école ne se contentent pas de cette explication purement verbale, mais ils se bornent à soutenir que le raisonnement est une propriété simple, irréductible, et par conséquent inexplicable. Il est à regretter que M. Taine, dans son magnifique ouvrage sur l'*Intelligence*, nous ait donné une théorie de la connaissance, au lieu d'une psychologie du raisonnement. En Allemagne, M. Wundt place le raisonnement à la base de la vie psychique ; il en fait le fond de toutes nos pensées, et va jusqu'à dire qu'on pourrait appeler l'esprit « une chose qui raisonne ». C'est ainsi qu'il veut découvrir du raisonnement jusque dans le fait primitif et élémentaire de la vie psychique, dans la sensation. Mais quand il s'agit de démonter pièce à pièce le mécanisme du raisonnement, d'en rendre compte d'après des lois connues, on trouve une lacune dans son œuvre. Autant que nous pouvons en juger, à travers les analyses de M. Ribot qui sont toujours des chefs-d'œuvre, M. Wundt n'a pas donné une explication du raisonnement. En Angleterre, Stuart Mill s'occupe presque exclusivement de la logique du raisonnement, il en laisse la psychologie de côté ; et l'on sait qu'il y a autant de différence entre la psychologie et la logique qu'entre la physiologie et l'hygiène. M. Alexandre Bain, qui ramène systématiquement tous les états mentaux à une combinaison des lois de l'association, aborde à plusieurs reprises la question qui nous occupe ; mais sa pensée reste vague et flottante, et, cédant à son habitude, il décrit au lieu d'expliquer (1). Nous ne trouvons que dans l'œuvre de M. Spencer une véritable théorie du raisonnement.

Cette fois la théorie est aussi complète qu'on peut la souhaiter, car elle part du type du raisonnement le plus élevé et arrive au plus simple, embrassant dans sa vaste envergure le raisonnement quantitatif composé, le raisonnement quantitatif simple, le raisonnement quantitatif simple et imparfait, le raisonnement qualitatif parfait, le raisonnement qualitatif imparfait, le raisonnement en général, la perception, le sentiment de la résistance. L'auteur a essayé d'établir que le procédé que suit le savant dans ses raisonnements les plus longs et les plus compliqués est celui par lequel une conscience naissante s'essaie à la pensée ; qu'en un mot, il existe entre tous les phénomènes de l'intelligence une unité de composition. Cette unité, quelle est-elle ? On peut résumer toute l'étude du raisonnement en le définissant : « Une classification de rapports ». Mais que signifie le mot classification ? Il signifie l'acte de grouper ensemble des rapports semblables. Inférer un rapport, c'est penser qu'il est semblable à certains autres (2).

Avant de discuter cette théorie, il faut la faire comprendre. Nous y arriverons en citant, d'après l'auteur, quelques types de raisonnements, et en montrant comment l'idée d'une classification de rapports rend compte du mécanisme de ces opérations.

Prenons comme exemple un « raisonnement qualitatif imparfait » que les traités de logique donnent communément comme syllogisme ; quand on dit : tous les animaux à

(1) Voir notamment, dans son beau livre sur les *Sens et l'Intelligence,* les pages 476 et seq.
(2) La moitié du second volume des *Principes de psychologie* est consacrée au développement de cette question.

cornes sont ruminants, cet animal a des cornes, donc cet
animal est ruminant, — l'acte mental indiqué est, selon M.
Spencer, une connaissance de ce fait que le rapport entre des
attributs particuliers dans cet animal est semblable au
rapport entre des attributs homologues dans certains
autres animaux. On peut le représenter ainsi :

(Les attributs constituant A a (Les attributs
un animal à cornes.)   constituant cet ani-
                         est sem-   mal à cornes.)
(coexistent avec)   blable à

                                         (Les attributs
(Les attributs constituant B b constituant cet ani-
un animal ruminant.)   mal ruminant.)

« Le rapport entre A et B est comme le rapport entre
a et b », telle est la formule qui, selon l'auteur, représente
réellement notre intuition logique. On remarquera que le
raisonnement ainsi compris devient une véritable proportion, ayant quatre termes, une espèce de règle de trois d'où
l'idée de quantité serait exclue. Stuart Mill a reproché à
M. Spencer de faire du raisonnement une opération à quatre
termes, et il a soutenu qu'il n'en existait en réalité que
trois. Ainsi, pour transporter la controverse sur l'exemple
précédent, Stuart Mill a remarqué que le raisonnement
attribue à tel animal qui a des cornes les *mêmes* attributs (constituant l'animal ruminant) qu'à tous les autres
animaux qui ont des cornes; par conséquent, les deux
termes indiqués par les lettres B et b n'en font qu'un, ce
sont les mêmes, il existe trois termes et non quatre.
M. Spencer a répondu que comme ces attributs n'appartiennent pas aux mêmes animaux, mais à des animaux
distincts, quoique semblables, les attributs aussi devaient
être distincts. La solution de cette difficulté est facile à
trouver; c'est, ce nous semble, Mill qui a raison. Il aurait
pu répliquer à M. Spencer: Chaque bête à corne a ses attributs distincts qui font d'elle un ruminant, mais l'idée

générale que nous avons de ces attributs est commune
à ces animaux, elle est la même pour tous : et l'on arrive
ainsi à réduire à trois les termes du raisonnement (1).

N'importe ; admettons, pour un instant, l'existence des
quatre termes. Le raisonnement est une classification
de rapports, soit ; mais, avant de classer des rapports, il
faut les former, car ils n'existent pas avant d'être formés,
et on ne peut pas comparer ce qui n'existe pas. Chose
curieuse, cette question importante est à peine effleu-
rée par M. Spencer, et cependant il est le premier à
reconnaître que le raisonnement consiste dans l'établissement d'un rapport. Les quelques mots qu'il a écrits à ce
sujet, comme en passant, sont relatifs à un autre
exemple (2). Analysant le syllogisme suivant : tous les
cristaux ont des plans de clivage, ceci est un cristal, donc
ceci a un plan de clivage, — il recherche comment notre
esprit peut passer de la perception d'un cristal individuel à
l'idée d'un plan de clivage ; et pour expliquer l'établissement d'un rapport entre ces deux termes, ce qui est le
nœud vital de la question, voici ce qu'il trouve de mieux à
dire : « Avant d'affirmer avec conscience que tous les cristaux ont des plans de clivage, j'ai déjà aperçu que ce cristal a un plan de clivage. » Mais alors, peut-on objecter,
tout est terminé ; l'œuvre du raisonnement est accomplie,
le rapport est établi, et c'est précisément tout cela qu'il
s'agissait d'expliquer. M. Spencer le reconnaît lui-même,
car il appelle cette opération, qu'il suppose réalisée sans
en expliquer la genèse, une *inférence primaire ou provision-*
nelle. « C'est un acte simple et spontané, dit-il, car il ne
résulte pas d'un souvenir des rapports semblables précédemment connus, mais simplement de l'influence qu'à
titre d'expériences passées, ils exercent sur l'association des

(1) Spencer, *Principes de psychologie,* t. II, p. 62.
(2) *Op. cit.,* p. 98, t. II.

idées (1). » On voit donc que lorsqu'on arrive au moment décisif, la théorie se dérobe; on ne peut pas déclarer qu'elle est vraie ou qu'elle est fausse, car en vérité elle n'existe pas.

Nous avons encore bien d'autres objections à présenter. On pourrait demander ce que, dans cette comparaison de rapports, le rapport ancien, le rapport qui tient lieu de prémisses, peut ajouter au rapport nouveau, inféré. Lorsque j'affirme un rapport entre le cristal que je tiens et un plan de clivage, je trouve, cela est vrai, une confirmation de ce que j'affirme, en me représentant ce rapport ancien : tous les cristaux ont un plan de clivage; la règle générale prouve le cas particulier. Mais c'est précisément là ce qu'il faut expliquer. Nous venons de le montrer en posant l'équation d'une théorie du raisonnement ; le lecteur se rappelle que nous avons fait de ce point la troisième des conditions qu'une théorie du raisonnement doit remplir pour être juste. On doit expliquer, avons-nous dit, comment une conclusion sort de ses prémisses ; en langage plus précis, on doit montrer comment une association entre deux termes peut se former par l'intermédiaire d'associations antérieures. Or, l'hypothèse de M. Spencer est impuissante à résoudre cette question. Que nous dit-on ? que l'esprit, après avoir formé (on ne sait comment) un rapport entre a et b, le compare à un rapport préexistant entre A et B. Mais que peut-il sortir de cette intuition d'une ressemblance entre les deux rapports ? Comment la comparaison des deux peut-elle ajouter au lien qui réunit déjà les termes a et b ? Il y a là une question de mécanisme mental à résoudre. M. Spencer ne la résoud pas, il ne s'en doute même pas. C'est un des caractères de la théorie que nous discutons de se tenir toujours à côté. M. Spencer se borne à constater que l'idée que

_____

(1) *Op. cit.*, p. 102, t.II.

tous les cristaux ont un plan de clivage confirme la conclusion particulière : ce cristal a un plan de clivage ; mais
encore une fois, ce n'est que l'énoncé de la question. Il
fallait rendre compte de cette confirmation du rapport particulier par le rapport général, en faisant intervenir les lois
de l'association.

Nous regrettons d'avoir à porter un tel jugement sur
une partie de l'œuvre d'un penseur qui a tant fait pour la
psychologie ; mais c'est un devoir de juger les théories en
elles-mêmes, sans avoir égard au nom de ceux qui les
signent.

Nous allons aborder à notre tour le problème du raisonnement, en présentant quelques remarques sur une loi
mentale à laquelle nous aurons souvent recours, la loi de
ressemblance.

CHAPITRE IV

I

L'action de la ressemblance sur les phénomènes de l'esprit a été reconnue, pour ainsi dire, de tous les temps ; il n'a jamais été bien difficile de remarquer que les idées semblables s'appellent. M. Bain, qui a consacré à l'association par ressemblance un long chapitre, nourri de faits, énonce en ces termes la loi qui régit cette association : « Les actions, les sensations, pensées ou émotions tendent à raviver celles qui leur ressemblent parmi les impressions ou états antérieurs (1). » Cette formule est très large, car elle comprend non seulement les idées, mais les émotions et les actions; cependant, elle nous paraît incomplète sur un point des plus importants.

(1) Bain, *les Sens et l'Intelligence*, p. 416 ; J. Stuart Mill, *Philos. de Hamilton*, p. 212; Cf. Ribot, *la Psychologie anglaise contemporaine*.

L'action reproductrice de la ressemblance — *attraction of sameness* — est un effet banal et superficiel, qui nous est connu depuis Aristote (1); en réalité la ressemblance a un second effet, qui est tout aussi important que le premier, c'est la *fusion*. A côté de la loi de suggestion et de rappel par ressemblance, nous pouvons placer la *Loi de Fusion*.

En voici l'énoncé; nous songerons ensuite à la démonstration : « Lorsque deux états de conscience semblables se présentent à notre esprit simultanément ou dans une succession immédiate, ils se fondent ensemble et ne forment qu'un seul état. » Ainsi, lorsque deux sons de même hauteur et de même timbre vibrent en même temps, l'oreille la plus exercée ne les dissocie pas ; on n'entend qu'un seul son, renforcé; chaque son perd son individualité dans une résultante unique. Si les deux états de conscience sont exactement semblables, la fusion est totale; s'ils ne présentent qu'une ressemblance imparfaite, ce qui implique une identité partielle, la fusion est partielle.

Fusion des sensations semblables. La meilleure illustration de notre loi, dans la sphère des sensations, nous est fournie par les sensations du toucher, dans l'expérience de Weber ; cette expérience nous montre des sensations identiques qui se fusionnent; elles se fusionnent si bien que la personne qui n'est pas prévenue qu'elle reçoit deux sensations produites par deux excitations distinctes, croit, en n'éprouvant qu'une seule sensation, qu'on n'exerce sur sa peau qu'une seule pression. Mais ce phénomène touche à un problème de physiologie très controversé, sur lequel il faut d'abord donner quelques mots d'explication.

Le toucher est de tous les sens celui qui occupe la plus large surface; tandis que les sens spéciaux, la vue, l'ouïe, l'odorat, le goût, sont restreints à des parties très minimes

---

(1) On peut consulter à ce sujet la dissertation de Hamilton, à la fin du second volume de son édition de Reid.

de l'organisme, on rencontre le toucher sur toute l'étendue de la peau et même sur quelques muqueuses; les fosses nasales, la conjonctive, la cavité buccale, les deux extrémités du tube digestif, le canal de l'urètre nous donnent des sensations de contact. Cette large diffusion du toucher sur la surface du corps s'explique par le fait que le toucher est le sens fondamental et primitif, dont les sens spéciaux sont sortis par une différenciation progressive, et qui peut-être, avec le temps, donnera lieu à la formation de nouveaux sens spéciaux. Le toucher n'est pas égal partout; certains départements de l'enveloppe générale présentent une finesse supérieure aux autres. On sait par exemple que sur le milieu du dos la sensibilité tactile est obtuse; elle est plus fine à la main, plus fine encore à la pulpe des doigts; elle atteint son degré le plus élevé au bout de la langue. Weber est parvenu à *mesurer* ces différences de sensibilité, en employant un compas mousse, dont il promenait les deux pointes sur la surface du corps. Il constata que sur le milieu du dos, pour que les deux pointes soient senties doubles, il faut les écarter de 39 lignes; plus rapprochées, les deux pointes n'éveillent qu'une impression unique. Sur la poitrine, l'écart nécessaire est de 20 lignes; sur la cuisse, de 16; sur la partie inférieure du front, de 10; sur la paume de la main, sur le bout du nez, 3; sur le bord de la lèvre inférieure, 2; sur la pointe du doigt indicateur, face palmaire, 1; sur la pointe de la langue, 1/2.

Ces expériences de mesure ont fait surgir un nouveau problème. On s'est demandé pourquoi deux pointes de compas font naître, suivant l'écart qu'on leur donne et la région du corps où on les porte, tantôt deux sensations, tantôt une seule.

Deux explications ont été proposées. La première, simple comme toutes les vues *à priori*, consiste à dire que, là où deux pointes sont senties, chacune d'elles a excité séparément

6

une fibre nerveuse, et qu'au contraire, lorsque nous ne sentons qu'une seule pointe, les pointes du compas n'ont excité qu'une seule fibre. On éprouve dans tous les cas autant de sensations qu'il y a eu de nerfs excités. Il est resté une trace de cette explication dans le langage : c'est le terme *cercle de sensation*. Si l'on appuie une des deux pointes de compas sur la peau, et qu'on cherche jusqu'à quelle distance de la première pointe la seconde n'éveille pas une sensation nouvelle, on circonscrit ainsi un espace qui a la forme d'un cercle ou d'une ellipse. Cet espace, n'étant capable de recevoir qu'une seule sensation, correspond, d'après la théorie, au territoire d'une fibre nerveuse : on l'appelle cercle de sensation.

Cette explication renferme une part de vérité. Sans doute, les portions du tégument dont la sensibilité est très délicate sont plus riches en corpuscules du tact que les portions dont la sensibilité est obtuse. Mais il y a loin de là à reconnaître que tout cercle de sensation est, comme on l'a dit, une grandeur anatomique, le territoire d'une seule fibre. Il y a des régions où les pointes du compas peuvent être séparées par plus de douze papilles nerveuses sans produire autre chose qu'une impression unique. Ajoutons que les limites d'un cercle de sensation varient singulièrement sous l'influence de l'attention et de l'habitude ; si un cercle correspondait réellement au domaine d'une seule fibre, ce serait une grandeur invariable. Enfin, il est un fait plus concluant que tous les autres : si on dessine sur l'avant-bras d'une personne deux cercles de sensation, dont les circonférences sont tangentes, et qu'on place l'une des pointes du compas dans un cercle et l'autre dans l'autre, en les rapprochant le plus possible, la personne en expérience n'éprouvera qu'une sensation ; pour en provoquer deux, il faut que les pointes soient séparées par le diamètre d'un cercle tout entier. S'il était vrai que chaque cercle fût desservi par une fibre spéciale, il aurait suffi que les deux pointes fussent placées dans des points quelconques des deux cercles pour que la personne les sentît toutes les deux.

La seconde explication est connue sous le nom de *théorie des champs nerveux*. On observe que, pour que deux sensations de toucher soient distinguées, il faut qu'il existe entre les points de la peau excités un certain espace, un certain nombre de ramifications nerveuses, un champ nerveux. Cet écart seul est nécessaire, et il est suffisant. Pourquoi en est-il ainsi ? C'est, dit-on, parce que deux choses ne peuvent être distinguées que si quelque chose les sépare. L'excitation de deux fibres nerveuses ne peut produire deux impressions distinctes que si ces deux fibres sont séparées par des éléments nerveux non impressionnés. Ces éléments, dont le rôle est d'espacer les deux sensations, sont représentés par l'écart des deux pointes du compas.

Cette prétendue explication nous paraît être une simple tautologie ; elle affirme la nécessité de l'écart des pointes, ce qui est un fait d'observation ; mais on ne voit pas quel peut être le rôle des fibres nerveuses interposées, puisque rien ne les impressionne. C'est là ce que la théorie des champs nerveux est impuissante à expliquer.

L'explication que je propose de substituer aux précédentes se résume en quelques mots. Je suppose que chacun des points de notre épiderme a une manière spéciale de sentir ; la *qualité* de la sensation varie avec la région de la peau ; par exemple, quand avec le doigt on presse le front, ensuite la joue, le menton, le cou, la nuque, on provoque chaque fois une sensation tactile différente. Toutefois, cette variation a lieu d'une manière continue d'un point à un autre ; si l'on choisit deux points très voisins, il pourra se faire que la différence des deux sensations soit trop petite pour être perçue, et que les deux sensations se comportent pratiquement comme si elles étaient identiques. La distance à laquelle les deux sensations se différencient

pour la conscience n'est pas uniforme pour tout le corps,
car la nuance locale de chaque sensation ne varie pas également partout. Ceci étant admis, et nous allons bientôt
énumérer les arguments qui démontrent notre hypothèse,
que va-t-il se passer ? En excitant avec le compas deux
points de la peau, on pourra provoquer à son gré, suivant
l'écart des pointes et la région de la peau, deux sensations
différentes ou deux sensations semblables : elles seront
différentes, quand les points de la peau seront assez dis-
tants pour que la différence de leur sensibilité soit saisis-
sable ; elles seront semblables quand les points choisis
seront assez rapprochés pour que leurs sensibilités paraissent de même nature.

Or, dans le cas de deux sensations différentes, le sujet
sentira distinctement les deux pointes ; dans le cas de
deux sensations semblables, ces sensations se fusionneront
en une seule, et le sujet ne sentira qu'une pointe.

L'expérience de Weber s'expliquerait, dans cette hypothèse, par la fusion des sensations semblables ; ce serait
une illustration de la *loi de fusion*. Mais que faut-il ajouter
pour que l'hypothèse devienne une vérité démontrée ? Il
faut prouver deux choses :

1º Que les sensations provoquées par deux pointes de
compas sont de qualité différente, lorsque le sujet perçoit
les deux pointes ;

2º Que les sensations provoquées par deux pointes de
compas sont de même qualité, lorsque le sujet perçoit une
seule pointe.

L'attribution d'une différence de sensibilité aux différentes régions du corps a été faite en Allemagne par Lotze,
Wundt, Helmholtz, etc. C'est ce qu'on appelle la *théorie
des signes locaux*. Parmi les preuves de cette théorie, nous
en choisissons une, la plus frappante : elle est tirée du
phénomène de la localisation. Lorsqu'on touche une personne sur n'importe quelle partie du corps, elle sent et en

même temps elle localise l'excitation. Cette connaissance
du lieu n'est pas innée, elle est acquise ; voici selon toute
vraisemblance, comment elle se forme. Nous avons appris
par l'expérience que lorsque nous éprouvons telle sensation tactile, une pression est faite sur le bras ; telle autre
sensation correspond avec une action sur l'orteil et ainsi
de suite. Avec le temps nous avons rattaché une sensation
déterminée avec la vue de notre bras, une autre avec la
vue de notre orteil, et enfin chaque sensation différente
avec la vue d'un point différent de notre peau. Lorsqu'on
vient à presser, à piquer ou à pincer notre corps, la sensation propre à la partie affectée éveille l'image oculaire
de cette partie par la seule force de l'association ; c'est
une loi de l'esprit que, lorsque deux sensations ont été
éprouvées en contiguïté, elles adhèrent de telle sorte que
celle qui se présente suggère l'autre. Ici la suggestion se
fait si rapidement que l'image visuelle de la région touchée
suit immédiatement la sensation tactile. La localisation
n'est pas autre chose. Quant à la position du point touché,
elle nous est donnée par notre activité musculaire. —
Cette explication de la genèse du *sens du lieu* suppose continuellement une chose : c'est que deux sensations de
contact qu'on rapporte à deux endroits différents du corps
possèdent chacune un signe local qui les distingue et les
empêche de se confondre. Supposez que toutes nos sensations de contact soient absolument uniformes. Une personne qu'on piquera au doigt ne pourra pas savoir si c'est
au doigt ou à l'orteil, car, si on eût piqué son orteil, elle
aurait éprouvé la même sensation. Pour qu'une sensation
de contact s'associe avec la vue du doigt, une autre avec
la vue de l'orteil, il est de toute nécessité que les deux
sensations soient différentes ; sinon, elles se confondront,
et la sensation dont le siège est au doigt pourra suggérer
indifféremment l'image oculaire d'une toute autre partie
du corps.

6*

En résumé, la localisation implique des sensations distinctes. Ce fait nous met en mesure de savoir quand les deux sensations provoquées par le compas sont semblables ou différentes. Sont-elles susceptibles d'être localisées d'une manière distincte? Alors elles sont différentes. Ne sont-elles pas susceptibles d'une localisation distincte? Alors elles sont semblables.

En faisant usage de ce critérium, on constate que dans tous les cas où les deux sensations sont senties doubles, le sujet peut les localiser, ce qui prouve qu'elles sont de nature différente. Par exemple, j'appuie les deux pointes de mon compas transversalement sur l'avant-bras d'une personne, avec un écart de trente-neuf lignes; écart nécessaire pour que le sujet sente isolément chaque pointe. Ensuite, je relève alternativement une des deux pointes, en priant la personne, dont les yeux sont fermés, de m'indiquer si c'est celle de droite ou celle de gauche qu'elle continue à sentir. Chaque fois la personne répond juste; elle localise exactement. Preuve évidente que chacune de ces sensations diffère un peu de l'autre. Ainsi là où le sujet perçoit deux pointes, il y a deux sensations différentes, comme le prouve la possibilité de la localisation distincte.

A l'inverse, nous avons à rechercher s'il est possible au sujet de donner une localisation différente à deux sensations qui, provoquées simultanément, font l'effet d'une sensation unique. On cherche expérimentalement l'écart qu'on peut donner aux deux pointes sans qu'elles cessent de se confondre et on marque à l'encre les points de l'épiderme où on les applique; il est bon, toutefois, de ne pas aller jusqu'à l'écart maximum, car il varie un peu pendant le cours des recherches, par le seul fait de l'attention et de l'exercice; il pourrait donc arriver, avec l'écart maximum, que les deux sensations d'abord semblables devinssent, à un moment, différentes, ce qui troublerait l'expérience. Après ces préparatifs, on excite tour à tour un des deux points marqués à l'encre, en priant le sujet d'indiquer, les yeux fermés, celui sur lequel on appuie l'instrument. Le sujet n'y arrive pas, ou, s'il essaye de localiser, il le fait avec des alternatives de succès et d'insuccès qui prouvent qu'il devine. Cette impuissance de localiser les deux sensations ne peut tenir qu'à une cause, la similitude des deux sensations.

Il est donc exact que l'expérience du compas nous donne un exemple de fusion de deux sensations semblables. C'est tout ce que nous voulions démontrer (1).

Dans l'expérience précédente, les sensations qui se fusionnent sont exactement semblables, ou à peu près, et la fusion qui résulte de leur rapprochement est *totale*. Donnons un exemple de fusion *partielle*. Il existe souvent une fusion partielle dans une série de sensations qui se succèdent, et dont chacune ressemble, en partie seulement, à celle qui précède et à celle qui suit. C'est ce qui a lieu dans le zootrope, le thaumatrope, le phenakisticope, le dedaleum, etc. Ces jouets scientifiques ont pour but de produire sur la rétine de l'observateur une série d'impressions représentant les phases successives d'un mouvement périodique quelconque, par exemple un homme qui jongle avec sa tête.

Chaque figure du zootrope, prise à part, diffère très peu de sa voisine de droite et de sa voisine de gauche ; on peut exprimer leur ressemblance par les lettres suivantes *abc — bcd — cde — def — efg — fgh*, etc., qui indiquent la portion commune de deux impressions successives. Lorsque le jouet est mis en mouvement et que la rotation est suffisamment rapide, les impressions se fusionnent par leurs points communs et nous donnent l'illusion d'un

(1) Pour plus de détails, je renvoie à mon article sur la *Fusion des sensations semblables* (*Revue philosophique* septembre 1880).

personnage unique, toujours le même, qui fait des mouvements.

Le mécanisme de cette illusion est d'autant plus intéressant à étudier qu'elle reproduit artificiellement ce qui se passe toutes les fois que nous percevons un corps qui subit des changements de forme ou de position, par exemple un cheval au trot (1).

Nous préférons accumuler les faits que de nous attarder dans des explications, qui se dégagent d'elles-mêmes. Bornons-nous à prévoir une objection possible, en montrant que la fusion des images zootropiques se fait dans le cerveau et non, comme on pourrait le croire, dans la rétine. Ce qui le prouve, c'est tout d'abord que les images consécutives de la vue qui interviennent dans cette fusion ont un siège cérébral (voir plus haut, p. 44). En second lieu, preuve plus directe, la fusion ne s'opère pas en bloc, mais seulement entre les portions semblables des images, ce qui suppose un pouvoir d'analyse qui manque certainement à la rétine.

Fusion des images semblables. Les images se fusionnent comme les sensations, ce qui se comprend, quand on en connaît la nature, car ce sont des sensations ravivées. Il arrive souvent qu'une suite d'images, partiellement semblables, défilent dans le champ de l'esprit, en produisant des apparences de transformation comparables à ceux du zootrope. Un des correspondants de M. Galton, le Rév. George Henslow, voit, toutes les fois qu'il ferme les yeux et qu'il attend un moment, l'image claire de quelque objet. Cet objet change de formes pendant aussi longtemps que M. Henslow le regarde avec attention. En étudiant la série de formes qui se succèdent, on remarque que le passage de l'une à l'autre est fourni tantôt par les relations de conti-

(1) Clifford a nié que le monde pût être continu, en étendant l'idée du zootrope.

guïté, tantôt par les relations de ressemblance. Dans une de ces expériences, les images suivantes se présentèrent : Un arc — une flèche — une personne tirant de l'arc, et n'ayant que les mains visibles, — un vol de flèches occupant complètement le champ de la vision — des étoiles tombantes — de gros flocons de neige — une terre couverte d'un linceul de neige — un presbytère dont les murs et le toit étaient couverts de neige — une matinée de printemps, avec un brillant soleil, et une corbeille de tulipes — disparition de toutes les tulipes, à l'exception d'une seule — cette tulipe unique, de simple devient double — ses pétales tombent rapidement, il ne reste que le pistil — — le pistil grossit, les stigmates se changent en trois grandes cordes ramifiées et brunes — un bouton — le bouton se plie, devient une mèche anglaise — puis une sorte d'épingle traversant un morceau de métal, et ainsi de suite. L'expérimentateur a quelquefois réussi à faire ce qu'il appelle un « cycle visuel », c'est-à-dire à revenir à l'image primitive et à parcourir de nouveau la même série de formes. Ces visions rappellent celle de Gœthe, où le cycle était plus petit : « Lorsque je ferme les yeux et que je baisse la tête, raconte le poète allemand, je fais apparaître une fleur au milieu du champ de la vision; cette fleur ne conserve pas sa première forme, elle s'ouvre et de son intérieur sortent de nouvelles fleurs, formées de feuilles colorées et quelquefois vertes. Ces fleurs ne sont pas naturelles, mais fantastiques, quoique symétriques comme les rosettes des sculpteurs. Je ne puis fixer une forme, mais le développement de nouvelles fleurs continue aussi longtemps que je le désire, sans variation dans la rapidité des changements. »

Il est clair que la transformation de l'objet imaginaire se fait par une succession d'images. Mais il importe de bien comprendre la nature de cette succession. Les images ne se substituent pas simplement les unes aux autres, la der-

nière arrivée expulsant la précédente ; si les choses se
passaient ainsi, on aurait des images distinctes qui se
remplacent et non une image unique qui se métamorphose.
On doit concevoir que chacune des images se *fusionne* avec
la précédente, en vertu des points communs qu'elles offrent
et que de plus les deux images successives coexistent
pendant un instant très court. Grâce à ces deux conditions,
les deux images font un tout et donnent l'apparence d'une
image unique qui se modifie.

Les hallucinations de l'aliéné présentent souvent la
même évolution de formes. Magnan rapporte qu'un alcoolique voyait sur le mur des toiles d'araignée, des cordages,
des filets avec des mailles qui se rétrécissaient ; au milieu
de ces mailles et de ces filets se montraient des boules
noires qui se renflaient, diminuaient, prenaient la forme de
rats, de chats, passaient à travers les filets, sautaient sur
le lit et disparaissaient (1). Plus rarement, la métamorphose
exige des années. Une jeune fille devenue aliénée à la suite
d'une tentative d'assassinat voyait continuellement le poing
et le bras de l'individu qui avait tenté de la tuer. Or, la
maladie suivant son cours, l'hallucination subit une transformation curieuse : l'image que voyait cette jeune fille se
modifia ainsi : deux yeux apparurent sur le poing de l'assas-
sin, son bras s'allongea démesurément, et finalement
l'image hallucinatoire se changea en un serpent (2).
D'autres fois, le contour de l'hallucination reste fixe, mais
ce sont ses dimensions qui changent. Dans une ancienne
observation de Beyle, un malade voyait une araignée de
taille ordinaire qui grossissait au point de remplir toute sa
chambre et de le suffoquer. — On trouve dans les rêves
des exemples innombrables de ces espèces de transformations ; on voit quelquefois deux personnes distinctes se

---

(1) Magnan, *De l'alcoolisme*, p. 56.
(2) Max Simon, *le Monde des rêves*, p. 118.

fondre en une seule, ou une même personne changer de personnalité physique, etc. Le rêve est le vrai type des hallucinations à métamorphoses (1).

Si nous citons ces cas morbides, c'est que le phénomène que nous étudions s'y trouve grossi, et plus facile à voir. Mais on rencontre aussi d'excellents exemples de fusion d'images dans des opérations de la vie normale. D'après M. Huxley, la formation des idées générales serait produite par la réunion, la fusion, la coalescence de plusieurs images d'objets individuels ; et pour mieux rendre sa pensée, le savant naturaliste se sert d'une comparaison ingénieuse, tirée des *Images composites* dont nous devons l'invention à M. Francis Galton (2). « Pour éclaircir la nature de cette opération mentale, dit M. Huxley, en parlant de la généralisation d'une image, on peut la comparer avec ce qui se passe dans la production des photographies composites, lorsque, par exemple, les images fournies par les physionomies de six personnes sont reçues sur la même plaque photographique pendant un sixième du temps nécessaire pour faire un seul portrait. Le résultat final est que tous les points dans lesquels les six physionomies se ressemblent, ressortent avec force, tandis que tous ceux dans lesquels elles diffèrent demeurent dans le vague. On obtient ainsi ce qu'on pourrait appeler un portrait *générique* des six personnes, par opposition au portrait *spécifique* d'une seule personne (3). » Cette belle invention a déjà donné, paraît-il, de brillants résultats. En réunissant dans une seule photographie cinq médailles représentant Cléopâtre,

(1) J. Sully, *op. cit.*, p. 117; et Maury, *Sommeil et Rêves*, p. 146. M. Delbœuf a comparé les métamorphoses du rêve aux *vues dissolvantes :* « C'est, dit-il, comme si l'on projetait sur le même écran, à la même place, au moyen de deux lanternes magiques, deux tableaux, et qu'on éclairât l'un pendant qu'on éteindrait l'autre. » (*Revue philos.*, juin 1880). Cette explication s'ajoute à la nôtre, elle ne la détruit pas.

(2) Galton, *les Images génériques. Revue scientifique*, sept. 1879.

(3) Huxley, *Hume, sa vie, sa philosophie*, p. 129.

et qui, loin de donner une idée de la beauté de cette célè-
bre reine, avaient un aspect hideux, on a obtenu une image
composite beaucoup plus agréable : il est vraisemblable
que dans cette résultante les points de ressemblance des
diverses effigies s'étaient renforcés et que les points différents étaient restés *flous ;* de sorte qu'on a le droit de
soutenir que l'image composite a plus de chances d'être
semblable au modèle que ses composantes. On a encore
réuni par ce procédé des photographies d'individus appartenant aux mêmes catégories, et on a obtenu certains
types, comme par exemple le type escroc. Cette méthode
deviendra peut-être utile un jour à l'anthropologie crimi-
nelle.

La comparaison que fait M. Huxley entre ces photographies
composites et les concepts a été admise par beaucoup de
psychologues ; on a considéré comme très vraisemblable
que la généralisation d'une image se forme dans l'esprit
comme la photographie générique sur la plaque sensible,
par superposition des impressions particulières. Ajoutons
un argument à l'appui. M. Pouchet a remarqué que les
images consécutives de ses préparations au microscope qui,
comme nous l'avons déjà vu, lui apparaissent quelquefois
à longue échéance, ne représentent pas une préparation
en particulier, mais sont comme une *moyenne* d'une série
de préparations du même genre. Ce fait tend à démontrer
que l'image générique résulte de la coalescence de plusieurs
impressions particulières réunies en une seule.

Cependant nous trouverions très incorrect d'expliquer
une opération de l'esprit par une comparaison avec un phénomène purement mécanique, si cette comparaison ne suppo-
sait pas implicitement l'existence d'un principe de
fusion. C'est le principe de fusion qui explique la formation des images génériques ; les impressions particulières, en s'additionnant, forment une image générique
parce que leurs portions communes se fusionnent et res-

sortent avec force, tandis que les portions différentes
restent distinctes et deviennent vagues.

La comparaison entre l'image générique et la photographie
composite n'est juste que dans la mesure où elle illustre
cette loi mentale; prise à la lettre, elle n'est pas rigoureuse-
ment exacte. « Si l'œil d'un homme, dit M. Galton, était mis
à la place de l'objectif de l'appareil qui nous sert à obtenir des
portraits composites, l'image qui se formerait dans son cerveau ne serait pas identique au portrait composite. » Car,
contrairement à l'effet photographique, l'effet physiologique
d'une impression n'est pas proportionnel à sa durée ou à sa
fréquence ; on sait que, d'après la loi de Weber (loi contes-
table, dont le défaut est d'être trop précise), la sensation
varie comme le logarithme du stimulant ; pour que la sensation suive une progression arithmétique, il faut que le
stimulant suive une progression géométrique. Ajoutons
encore l'influence perturbatrice de l'attention, des émotions, des idées préconçues, et d'un grand nombre d'autres
facteurs, qui empêchent l'esprit de fusionner plusieurs
images avec l'exactitude d'une plaque photographique.

Nous avons donné assez d'exemples pour faire nettement
comprendre ce que c'est que la fusion des sensations et
des images. Il semble impossible qu'un phénomène aussi
facile à observer ait passé inaperçu. Citons d'abord, parmi
les auteurs qui y ont fait allusion, M. Herbert Spencer.
Définissant un état de conscience, cet auteur dit que c'est
« une portion de conscience qui occupe une assez grande
place pour acquérir une individualité percevable, dont
l'individualité est délimitée des autres portions adjacentes
de conscience par des *différences qualitatives,* et qui, quand
on l'examine introspectivement, paraît *homogène* (1) ». Il suit
de cette définition que si les portions adjacentes de l'état
considéré ne sont pas *différentes,* elles font partie du même

(1) Spencer, *Principes de psychologie,* t I, p. 165.

BINET.   7

état; or dire cela, c'est reconnaître implicitement le principe
de fusion. Plus loin, M. Spencer ajoute : « La condition d'existence de deux états de conscience c'est une *différence* (1). »
Donc, pas de différence, état unique, c'est-à-dire fusion des
deux états en un seul. Nous voyons par ces quelques citations
que M. Spencer a noté, au moins en passant, le phénomène
de fusion, mais sans en comprendre l'importance.

M. Bain a dit quelques mots du même phénomène.
« Quand il y a identité parfaite entre une impression
présente et une impression passée, celle-ci est restaurée
et *fondue* avec la présente, instantanément et sûrement.
L'opération s'accomplit si rapidement que nous n'y faisons
pas attention ; nous constatons rarement l'existence d'une
association de similarité dans la chaîne de la série. Quand
je regarde la pleine lune, je reçois instantanément l'impression de l'état qui résulte de l'addition des impressions
que le disque de la lune a déjà faites sur moi (2). » La
description se réfère à un cas que nous allons étudier : la
fusion d'une sensation avec une image. Ailleurs, le même
auteur parle des cas où « nous avons connaissance d'une
identité, sans pouvoir dire quelle est la chose identique ;
par exemple, quand un portrait nous donne l'impression
que nous avons vu l'original, sans que nous soyons capables de dire quel est l'original. L'identité a frappé notre
esprit, mais la restauration ne se fait pas. » Tout le monde
connaît ce sentiment très particulier de « déjà vu ». M. Bain
l'explique par l'absence de rappel des parties différentes de
l'objet identifié. En effet, pour que l'esprit s'aperçoive de la
ressemblance de deux images, il faut qu'elles diffèrent un
peu; sinon, elles s'ajoutent et ne forment qu'un. M. Lotze
exprime la même idée avec une lourdeur toute germanique :
« On ne pourrait rien savoir de la reproduction d'un précé-

(1) *Op. cit.* t. I, p. 169.
(2) Bain, *Sens et Intelligence,* p. 419.

dent *a* par l'A actuel, s'ils existaient simplement ensemble,
sans qu'il fût possible de l'en distinguer; pour reconnaître
que l'état actuel est la répétition du précédent, nous
devons pouvoir faire entre eux une distinction, et c'est ce
qui a lieu, vu que non seulement l'A actuel amène avec
soi cet *a* précédent qui lui ressemble, mais que celui-ci
entraîne les idées qui témoignent qu'il a été précédemment
une fois, en d'autres circonstances, l'objet de la perception (1). »

Cette fusion a encore été décrite par M. Wundt sous les
noms *d'assimilation* et *d'association simultanée*. « La perception qui résulte de l'excitation actuelle d'un quelconque
des sens se combine avec une représentation reproduite
par la mémoire. » Enfin, il n'est que juste de rappeler
qu'Ampère avait, longtemps avant M. Wundt, signalé et
analysé le phénomène, qu'il appelait *concrétion*. C'est
Ampère, nous dit M. Pilon dans un lumineux article sur la
Formation des Idées abstraites et générales (2), c'est Ampère
qui, le premier, a montré que les images des sensations antérieures modifient nos sensations actuelles au point de nous
faire voir plus que nous ne voyons, et entendre plus
que nous n'entendons. Un homme nous parle dans
une langue qui nous est tout à fait inconnue : pourquoi ne distinguons-nous pas ce qu'il articule, tandis
que, s'il parle dans une langue qui ous est familière,
nous percevons nettement tous les mots qu'il prononce ?
C'est, répondait Ampère, en raison de la *concrétion* qui a
lieu entre les sensations présentes de sons et les images
de ces mêmes sons que nous avons souvent entendus. « Si
les paroles que l'on chante à l'Opéra italien, disait-il encore,
ne sont pas fortement prononcées, l'auditeur assis dans le
fond de la salle ne reçoit que l'impression des voyelles et

_____

(1) *Métaphysique*, liv. III, ch. II.
(2) *Critique philosophique*, 1re année, n° 3. (Nouvelle série).

des modulations musicales ; mais il n'entend point les articulations, et, partant, ne reconnaît pas les mots. Qu'il ouvre alors le livret de l'opéra ; et, en suivant des yeux, il entendra très distinctement ces mêmes articulations que tout à l'heure il ne pouvait pas saisir. Voici ce qui se passe en lui. La vue des caractères qu'il a devant les yeux, se composant non seulement de la sensation visuelle du moment, mais des images des sensations de même espèce qu'il a éprouvées en apprenant à lire l'italien, la vue des paroles écrites réveille en lui les images sonores et acoustiques des paroles prononcées, et les images des sons renforçant dans son organe les impressions trop faibles qu'il reçoit de la scène, il en résulte une audition distincte (1). »

Nous arrêtons ici nos citations. Elles suffisent à montrer que notre étude sur la fusion des états de conscience semblables manque absolument d'originalité, car ce phénomène a été aperçu par nombre d'auteurs.

Sans vouloir épuiser ce sujet, nous désirons dire quelques mots de son aspect physiologique. On vient de voir le rôle que joue la ressemblance dans le domaine des sensations et des images : elle suggère et fusionne. Le premier effet est plus connu que le second ; cependant nous croyons avoir mis hors de doute la fusion des sensations semblables et la fusion des images semblables. Nous supposons même, par voie d'induction, que ce phénomène a lieu toutes les fois que nous saisissons une ressemblance, depuis l'acte insignifiant qui nous fait reconnaître un ami, jusqu'à l'éclair de génie qui discerne une identité entre les phénomènes les plus éloignés, comme la chute d'une pierre et la force qui pousse la lune vers notre globe.

Il reste à savoir s'il existe un phénomène physiologique qu'on puisse considérer comme la base de cette double propriété de la ressemblance.

(1) *Philosophie des deux Ampère*, p. 37.

On peut supposer, avec beaucoup de vraisemblance, qu'en général deux états de conscience qui se ressemblent en totalité ou en partie doivent impliquer, en totalité ou en partie, c'est-à-dire dans la même mesure, la mise en activité des mêmes éléments nerveux, cellules et fibres. Cette hypothèse nous paraît être une conséquence forcée du principe des localisations cérébrales, d'après lequel toutes les impressions du même genre frappent le même endroit du cerveau. Mais il ne faut point poser de règle absolue ; nous sommes disposé à admettre qu'il existe dans le cerveau des territoires non différenciés, où les impressions même semblables peuvent frapper des points distincts. Après avoir mis cette restriction à notre hypothèse, citons quelques-uns des nombreux faits qui militent en sa faveur.

Tout le monde connaît les méprises involontaires qui nous font prononcer un mot au lieu d'un autre. Lewes rapporte qu'il racontait un jour une visite à l'hôpital des épileptiques, et que, désirant nommer l'ami qui l'accompagnait et qui était le docteur Bastian, il dit le docteur Brinton ; il se reprit immédiatement en disant le docteur Bridges ; il se reprit encore pour prononcer enfin le docteur Bastian. « Je ne faisais aucune confusion quant aux personnes, dit-il, mais ayant imparfaitement ajusté les groupes de muscles nécessaires pour l'articulation d'un nom, le seul élément commun à ce groupe et aux autres, savoir le B, a servi à les rappeler tous trois. » M. Ribot, auquel nous empruntons la citation précédente (1), a fait une observation analogue sur les méprises de l'écriture. Voulant écrire « *doit de bonnes* », il écrit « *donne* » ; voulant écrire « *ne pas faire une part* », il écrit « *ne part faire* ». Remarquons encore que dans les paraphasies et paragraphies pathologiques la confusion est souvent produite aussi par une identité de lettres ou de consonnance.

(1) *Maladies de la mémoire*, p. 19.

Tout cela s'explique, comme les auteurs précités l'observent, en supposant que les mêmes éléments nerveux entrent dans des combinaisons différentes, et que par exemple les noms de Bastian, Bridges, Brinton correspondent à des complexus de cellules qui ont un élément commun, l'élément qui correspond au B. Ainsi, la qualité psychique de la ressemblance se traduirait anatomiquement par une identité de siège.

On provoque à volonté sur soi-même un phénomène analogue de paraphasie en se posant comme problème de trouver un nom propre qu'on connaît mais qu'on n'a pas présent à l'esprit. On peut faire ainsi de la psychologie expérimentale sans laboratoire. Un jour, je cherchai à me rappeler le nom d'un de mes amis auquel je voulais écrire une lettre ; cet ami s'appelle M. Truchy. Je ne parvins pas tout de suite à retrouver son nom ; je passai par les intermédiaires suivants, que je notai à mesure, car ils fournissent un bel exemple de paraphasie :

Morn*y*
Mo*uchy*
S*uchy*
C*ruchy*
Truchy

A chaque effort de mémoire, j'acquérais une ou deux lettres justes. La marche de l'expérience semble bien démontrer que les lettres communes de la série de noms supposent l'excitation des mêmes éléments nerveux (1).

Acceptons donc, comme une hypothèse très vraisemblable, que la ressemblance de deux états de conscience a généralement pour contre-partie physiologique une iden-

---

(1) Bien d'autres preuves pourraient être citées. Par exemple, la répétition fortifie l'association de deux images, ou de deux mouvements ; comment pourrait-on expliquer cela sans admettre qu'à chaque répétition ce sont les mêmes éléments nerveux qui sont impressionnés ? etc.

tité de siège du processus nerveux. C'est d'ailleurs une hypothèse déjà indiquée par M. Spencer : Toute représentation, dit-il, tend à s'agréger avec les représentations semblables, en vertu de l'*identité de leur siège cérébral*.

Maintenant, tirons les déductions. Tout d'abord, il devient possible d'expliquer physiologiquement l'action suggestive de la ressemblance. Si tout état de conscience a la propriété de raviver ses semblables, cela tient à ce que les complexus de cellules qui correspondent à l'état évocateur et à l'état évoqué ont des points communs, par lesquels l'onde nerveuse s'écoule du premier groupe de cellules dans le second. Il est tout aussi facile de comprendre la fusion de deux états semblables en un seul, puisqu'ils ont pour base un élément nerveux numériquement unique.

Cette hypothèse a un second avantage ; elle explique comment une ressemblance entre des idées est efficace, alors même qu'elle n'est pas reconnue par l'esprit.

Les psychologues se sont demandé ce qu'on peut bien entendre par une ressemblance qui ne serait pas perçue. La ressemblance, a-t-on dit, suppose une comparaison de l'esprit, et quand cette comparaison manque, quand il n'y a pas conscience, la ressemblance ne peut pas exister non plus (Penjon). La véritable solution de la difficulté nous paraît être la suivante : il est vrai qu'il n'y a point de ressemblance sans la conscience de cette ressemblance, car en réalité les deux choses ne font qu'un. Mais la conscience n'est qu'un épiphénomène, surajouté à l'activité cérébrale, et pouvant disparaître, sans que le processus nerveux correspondant soit altéré. Deux images semblables se suivent dans notre esprit ; peu importe que nous remarquions ou non leur ressemblance, car, étant semblables, elles mettront en vibration un élément cellulaire commun. Cette identité de siège suffira pour produire tous les résultats que produit une ressemblance reconnue et jugée par une comparaison consciente.

C'est ainsi que, sans la participation de la conscience, il arrive qu'une image suggère sa semblable. D'ailleurs n'est-ce pas toujours ainsi que la suggestion par ressemblance opère ? Le semblable évoque automatiquement le semblable : quand la chose est faite, la réflexion intervient pour se rendre compte de ce qui s'est passé, et c'est alors seulement qu'on découvre l'existence d'une ressemblance dans la chaîne des idées. M. Pilon a développé la même idée avec sa clarté habituelle : « Il faut distinguer, dit-il, l'association par ressemblance de la perception de la ressemblance. Ce n'est pas en vertu du rapport de ressemblance perçu entre deux idées que l'une de ces idées peut suggérer l'autre ; car cette perception de la ressemblance suppose les deux idées présentes à l'esprit et par conséquent l'association déjà faite. Dire que la ressemblance est un principe d'association, c'est dire simplement qu'une idée a la propriété d'en suggérer une autre que l'esprit reconnaît ensuite, en vertu de la faculté de percevoir les rapports, semblable à la première. » (*Op. cit.*, p. 194.)

Autre déduction, du même genre que la précédente : De même que la suggestion par le semblable, la formation des idées générales doit se faire, pour les mêmes raisons, sans l'intervention du moi, par la seule vertu des images mises en présence, ou, en termes plus précis, par l'effet de l'identité de siège des impressions particulières. Les images ont la propriété de s'organiser en images générales, comme elles ont la propriété de suggérer des images semblables. Nous possédons ainsi des idées générales qui se sont faites toutes seules en nous, comme l'idée générale d'une chaise, d'un couteau, etc.

On pensera peut-être que, pour hypothétiques qu'elles soient, ces vues de physiologie cérébrale ont l'avantage de satisfaire la préoccupation de beaucoup de psychologues qui veulent trouver dans les propriétés du système nerveux l'explication des opérations mentales. Nous trouvons ici l'occasion de montrer ce que vaut cette opinion en vogue, qui est plus juste en apparence qu'en réalité. Admettons, pendant un instant, qu'il soit non seulement probable, mais absolument démontré que deux états de conscience semblables ont pour base, dans le cerveau, *un élément nerveux unique*, et que cette unité de siège explique les deux effets de la ressemblance, la suggestion et la fusion. Croit-on par hasard que c'est là une véritable explication des propriétés de la ressemblance par les propriétés du système nerveux ? Ce serait une singulière illusion. Car il n'y a là aucune explication, mais une simple transposition en termes physiologiques du phénomène qu'on a la prétention d'expliquer. Qu'est-ce que cet *élément unique* que nous donnons pour base à la ressemblance ? Comment comprendre l'unité, si on n'a pas l'idée de nombre, de pluralité, et cette idée n'est-elle pas au moins plus complexe que celle de la ressemblance ? « Nous voilà au rouet », comme dit Montaigne.

La vérité est que nous ne pouvons connaître les choses extérieures, qu'en les soumettant aux lois de notre esprit, et que par conséquent l'étude d'un de ces objets, d'un cerveau par exemple, ne peut rendre compte des *formes de notre pensée*, car elle les suppose toujours. Ceux qui soutiennent le contraire commettent une pétition de principe (1).

---

(1) Les mêmes observations peuvent être présentées aux auteurs qui, comme Hamilton, MM. Brochard, W. James, Rabier, etc., sans faire intervenir la physiologie, essayent d'expliquer la ressemblance de deux états de conscience par des éléments *communs* aux deux états, ou par une *identité* partielle de leurs éléments. Cette prétendue tentative de simplification ne simplifie rien du tout, car elle remplace la notion de ressemblance par les notions d'identité et d'unité, qui n'en sont que les dérivés. Nous répétons que la ressemblance est une notion simple, dernière et irréductible. (Conf. Brochard, *De la loi de similarité, Revue philosophique*, mars 1880.)

II

Ainsi étendue et modifiée, la loi de la ressemblance nous permettra de comprendre la genèse de la perception extérieure. Étudions cette genèse en elle-même, sans idée préconçue, sans songer que le phénomène résulte d'un raisonnement. Fidèle à notre méthode, faisons appel à la pathologie, car les cas morbides laissent souvent apercevoir le secret de l'état normal.

Les hallucinations hypnagogiques fournissent un vaste champ d'observations et d'expériences. M. Maury a eu l'ingénieuse idée de faire des expériences sur sa personne, afin d'apprécier dans quelle mesure interviennent en rêve les impressions extérieures. Il priait une personne placée à ses côtés, le soir, quand il commençait à s'endormir dans son fauteuil, de provoquer en lui des sensations sans le prévenir, puis de le réveiller quand il avait déjà eu le temps de faire un songe. Les résultats obtenus par cette méthode appartiennent de droit à l'histoire de la perception externe : car, qu'est-ce qu'un rêve provoqué dans ces conditions ? C'est une réaction cérébrale à la suite d'une impression des sens — et cette définition s'applique à la perception. On va voir que les rêves de l'observateur peuvent être assimilés à des illusions des sens artificielles. Voici les faits :

On lui chatouille avec une plume les lèvres et l'extrémité du nez ; il rêve qu'on le soumet à un horrible supplice, qu'un masque de poix lui est appliqué sur la figure, puis qu'en l'arrachant, on avait déchiré la peau des lèvres, du nez et du visage. — On fait vibrer à quelque distance de son oreille une pincette sur laquelle on frottait des ciseaux d'acier; il rêve qu'il entend le bruit des cloches; ce bruit des cloches devient bientôt le tocsin; il se croit aux journées de juin 1848. — On lui fait respirer de l'eau de Cologne; il rêve qu'il est dans la boutique d'un parfumeur, et l'idée de parfum éveille celle de l'Orient : il est au Caire dans la boutique de Jean Farina. — On lui fait sentir une allumette qui brûle; il rêve qu'il est en mer (le vent soufflait alors dans les fenêtres) et que la Sainte-Barbe saute. — On lui pince légèrement la nuque : il rêve qu'on lui pose un vésicatoire, ce qui réveille le souvenir d'un médecin qui le soigna dans son enfance. — On approche de sa figure un fer chaud : il rêve des *chauffeurs*; l'idée de ces chauffeurs amène bientôt celle de la duchesse d'Abrantès qu'il suppose en songe l'avoir pris pour son secrétaire. Il avait lu jadis dans les *Mémoires* de cette femme d'esprit quelques détails sur les chauffeurs... etc. (1).

Ces expériences démontrent que la *qualité* de l'impression sensorielle influe sur la nature du rêve, car on retrouve dans les images fantastiques la trace de l'impression géné, ratrice.

Mais voici quelques autres observations du même auteur qui sont encore plus topiques; il s'agit de rêves produits par des sensations subjectives. Une nuit, M. Maury à demi éveillé voit une bluette lumineuse (sensation subjective de la vue); il la transforme aussitôt, cédant déjà à l'envie de dormir, en un réverbère allumé. Puis apparaît devant ses yeux la rue Hautefeuille, éclairée de nuit, telle qu'il l'avait maintes fois observée, quand il l'habitait, trente ans auparavant.—Autre exemple du même auteur : « Quand je souffre de congestions dans la rétine, je vois généralement, les yeux fermés, des mouches colorées et des cercles lumineux qui se dessinent sur ma paupière. Eh bien, dans les courts

(1) Maury, *Sommeil et Rêves*, p. 127.

instants où le sommeil m'annonce son invasion par des
images fantastiques, j'ai souvent constaté que l'image
lumineuse qui était due à l'excitation du nerf optique s'al-
térait en quelque sorte sous les yeux de mon imagination,
et se transformait en une figure dont les traits brillants
représentaient ceux d'un personnage plus ou moins fantastique. Il m'a été possible de suivre durant quelques secondes
les métamorphoses opérées par mon esprit sur cette
impression nerveuse primitive, et j'apercevais encore sur
le front et les joues de ces têtes, la couleur rouge, bleue
ou verte, l'éclat lumineux qui brillaient à mes regards, les
yeux fermés, avant que l'hallucination hypnagogique eût
commencé (1) ».

Dans bien des cas pareils, on peut contaster que l'image
fantastique du rêve est précédée de phénomènes d'excitation
qu'on localise, peut-être à tort, dans la rétine. Le sujet qui
s'assoupit commence par apercevoir des lueurs, des masses
confuses semées de petits points colorés, des stries, des
filaments. L'apparition de ces sensations amorphes précède
la vision de formes définies. M. Maury a émis l'idée que
l'hallucination du rêve naît de ces « spectres subjectifs »,
et en dérive par une sorte de transformation. Il y a là —
selon la propre remarque de M. Maury — une *métamorphose*
d'images; et cette métamorphose rappelle celle du zootrope.

Mais faire cette comparaison, c'est ou ne rien dire, ou
affirmer un fait précis. Nous avons vu comment s'expliquent
les effets de changement que produit le zootrope ; il y a
une série d'impressions qui se suivent à intervalles très
courts : ces impressions ne sont pas identiques, elles
ne sont pas non plus absolument différentes ; chacune
ressemble en partie à la précédente et à la suivante. Grâce
à cette identité partielle, chaque impression se soude à sa
voisine et forme avec elle un seul tout. C'est cette fusion

(1) *Op. cit.*, p. 59.

des impressions successives qui donne au spectateur l'illusion d'une impression unique. Nous pouvons supposer,
pour expliquer la genèse du rêve hypnagogique, que le principe de fusion opère non seulement entre deux sensations,
et entre deux images, mais encore entre une sensation et
une image.

Cette supposition permet d'analyser ainsi le commencement d'une hallucination hypnagogique. Une sensation lumineuse, par exemple une bluette, traverse le champ de la
vision ; cette sensation rappelle, par l'effet de la ressemblance, l'image mentale d'un objet qui présente aussi un
point lumineux, par exemple l'image d'un réverbère allumé
Désignons la sensation initiale par la lettre A, et l'image
complexe d'un réverbère allumé par les lettres ABCDEFGH,
etc. : la lettre A de ce second groupe représente le point
lumineux du réverbère, c'est-à-dire l'élément qui est commun à l'image du réverbère et à la sensation d'une bluette.
Mais il y a plus; les deux éléments représentés par A se fusionnent et forment un élément unique ; de telle sorte que l'image
évoquée se soude à la sensation, et que la bluette se transforme en reverbère ; puis cette dernière image rappelle
l'image entière de la rue par l'association de contiguïté.

On trouve cette même fusion des sensations avec les
images dans un grand nombre d'hallucinations toxiques. Une
dame qui venait de prendre du hachisch pour connaître
l'heureux délire que produit cette substance chez les Orien-
taux « vit le portrait de son frère, qui était au-dessus du
piano, s'animer et lui présenter une queue fourchue, toute
noire, etc. ». Un moment après, elle se dirige vers la porte
d'une chambre voisine qui n'était pas éclairée. « Alors, dit-
elle, il se passa en moi quelque chose d'affreux ; j'étouffais,
je suffoquais, je tombai dans un puits immense, sans fin, le
puits de Bicêtre. Comme un noyé qui cherche son salut dans
un faible roseau, qu'il voit lui échapper, de même je voulais
m'attacher aux pierres qui entouraient le puits ; mais elles

tombaient avec moi dans cet abîme sans fond. » A ses cris,
on la ramène dans la pièce éclairée, et ses idées changeant
avec les impressions nouvelles, elle se croit au bal de
l'Opéra, se heurte contre un tabouret qu'elle prend pour
un masque couché par terre et dansant d'une façon inconve-
nante, et se promène au milieu d'un pays de lanternes
dont la fantasmagorie était produite par la flamme du char-
bon de terre qui brûlait dans la cheminée (1). Quand on
étudie de près ce délire sensoriel, on en suit très bien le
développement. Son origine est dans les sensations de
toutes sortes produites par le monde extérieur au milieu
duquel s'agite le malade ; l'impression des sens appelle
les images qui lui ressemblent ; ces images se pres-
sent, s'accumulent, se transforment sous l'influence de
l'agent toxique, s'écartent de plus en plus de leur point
d'origine, et créent finalement un monde extérieur entièrement imaginaire qu'une nouvelle poussée de sensations
réelles viendra encore modifier. Mais au premier moment
de l'évolution du délire, il y a toujours au moins un ombre
de ressemblance entre l'objet extérieur et les images qu'il
évoque, comme on le voit dans l'hallucination du puits
de Bicêtre, produite par la chambre obscure, et c'est cette
ressemblance qui fait la fusion.

Passons au délire alcoolique. On sait que les hallucinations visuelles qui l'accompagnent consistent dans des
visions terrifiantes de petits animaux, des chats, des rats,
des insectes, des araignées, des têtes humaines séparées de
leur tronc, etc. Ces hallucinations ne se constituent pas
d'emblée ; d'après le témoignage des meilleurs observateurs,
les visions sont précédées de troubles élémentaires d'un
caractère purement sensoriel. Le malade voit des points
noirs ou des taches lumineuses qui sont animés d'un
mouvement rapide ; ce sont ces sensations subjectives qui

(1) Moreau (de Tours), *Du hachisch et de l'aliénation mentale*, p. 14.

serviront d'aliment à l'hallucination, et que le cerveau de
l'alcoolique transformera bientôt, à mesure que le délire
s'accentuera davantage. « Dans quelques cas, dit Magnan,
le malade voit d'abord une tache sombre, noirâtre, à contours diffus, puis à limites distinctes avec des prolonge-
ments qui deviennent des pattes, une tête, pour former un
animal, un rat, un chat, un homme. » Ce phénomène ne
rappelle-t-il pas d'une manière frappante les métamorphoses
du zootrope ? Ne s'explique-t-il pas tout naturellement par
une fusion de sensations et d'images ?

La même explication s'adapte sans effort à toutes les
circonstances où notre cerveau fait subir une transformation
aux sensations qu'il reçoit. Un des exemples les plus intéressants de ces transformations nous est fourni par ce
qu'on pourrait appeler les *perceptions fantaisistes*. Tout le
monde a dû remarquer que, lorsque le milieu extérieur s'y
prête, on peut se figurer à volonté la présence de tel corps,
et le percevoir comme s'il existait réellement. On distingue un grand nombre de formes dans les nuages, dans
les roches, dans les masses confuses des objets éloignés
ou mal éclairés, dans les tisons du feu, dans les inégalités
d'un mur, ou dans les lignes, les trous et les accidents
d'une table en bois. Il paraît que Léonard de Vinci recom-
mandait à ses élèves, lorsqu'ils cherchaient un sujet de
tableau, d'étudier avec soin l'aspect des surfaces de bois ;
en effet, au bout de quelques minutes d'attention, on ne
tarde pas à voir se dessiner, au milieu des lignes confuses,
certaines formes d'animaux, des têtes humaines, et quelquefois des scènes entières pittoresquement groupées. Je
possède sur ce point une expérience assez étendue ; si je
regarde attentivement une feuille de papier blanc, j'y
découvre toujours quelque figure ; je puis même la calquer,
et les dessins que j'obtiens par ce procédé sont en général
très supérieurs à ceux que je puis produire d'imagination,
quoique, en réalité, ils ne vaillent pas grand'chose ; mais

tout est relatif. J'ai souvent remarqué que la figure ne se forme pas d'un seul coup, mais lentement, par degrés, comme un décor dont on poserait successivement les pièces. L'important est d'attraper la première forme ; si elle est un peu vive, elle ne tarde pas à se compléter, et l'édifice se construit sans bruit sur cette première pierre.

Il serait fort intéressant d'étudier ce côté fantaisiste de notre nature. On y trouverait peut-être bien le germe d'une théorie de l'invention, plus sérieuse que toutes celles qu'on nous a données jusqu'à ce jour. Quoi qu'il en soit, ce qu'il nous importe d'observer, c'est que dans ces perceptions l'esprit travaille sur des ressemblances fortuites qu'il découvre dans un objet ; c'est par ces points de ressemblance que l'image fantastique est évoquée et se soude à l'impression sensible. En même temps, chose curieuse, l'esprit néglige systématiquement tous les caractères de l'objet extérieur qui ne s'harmonisent pas avec cette fiction.

Les perceptions fantaisistes sont de la même famille que les illusions des sens ; on pourrait les définir des illusions volontaires. Ce sont des pièces de théâtre dont nous sommes à la fois l'auteur et le spectateur. Les illusions involontaires nous font assister à des faits semblables. Toutes les fois qu'une illusion se prête à l'analyse, on s'aperçoit que l'image fausse extériorisée, qui constitue, à proprement parler, l'illusion, ressemble par quelque côté à ce qui lui a donné naissance. Par exemple, lorsqu'à distance ou par suite de l'obscurité on prend une personne pour une autre, ou qu'on se laisse tromper par une ressemblance grossière, on commet une erreur d'identification : en d'autres termes, la première image éveillée par les sensations extérieures leur ressemble et se confond avec elles. C'est ce que confirme d'ailleurs l'expérience hypnotique. Agitez la main devant les yeux d'une somnambule, en imitant avec les doigts un mouvement d'ailes : aussitôt, elle voit un oiseau et cherche à l'attraper. Imitez avec la main sur le sol un mouvement de reptation, elle voit un serpent. Règle générale : le sujet voit tous les objets dont on simule l'apparence.

Nous arrivons, par une transition insensible, de l'illusion — ou perception fausse — à la perception vraie. Recherchons si tout acte de perception débute pareillement par une identification.

Je prends un livre sur une table, je le soulève, je l'ouvre, je le feuillette, je le lis, et je le referme. Tous ces actes ont provoqué en moi un grand nombre d'impressions de toucher, de forme, de poids, de température, de résistance, de mouvements, qui se sont unies et associées aux impressions visuelles que je ressentais en même temps. Supposons maintenant que je quitte ma chambre, et que j'y revienne après quelques minutes d'absence. Le livre est toujours à la même place ; si je le regarde, l'impression visuelle que j'éprouve réveille dans mon souvenir les images des sensations de toutes sortes que j'ai reçues tout à l'heure en le maniant. Bref, à la sensation visuelle viennent se combiner des images du toucher, du sens musculaire et des autres sens. Donc, il y a perception.

Mais comment se fait-il que cette nouvelle sensation de la vue puisse réveiller, sous forme idéale, ces impressions antérieures de la main ? Il n'existe là aucun lien de ressemblance, ni même aucun lien de contiguïté, car la sensation actuelle de la vue est absolument neuve, et n'a pas pu s'associer à des impressions de la main qui datent de plusieurs minutes. A cette question, il y a une réponse, et une seule ; c'est que l'aspect actuel du livre *ressemble* en partie ou en totalité à l'aspect antérieur dont le souvenir persiste dans mon esprit. De mon expérience précédente il m'est resté une image oculaire du livre, associée à des impressions de la main. L'apparence qui s'offre actuellement à ma vue se fusionne avec ce souvenir visuel, qui à son tour amène dans le champ de la conscience le cortège des souvenirs tactiles et musculaires auxquels il est lié.

D'après cette interprétation, voici quelle est la série d'états de conscience qui se succèdent dans notre perception.

La vision actuelle du livre (A) suscite dans notre pensée, par la force de la similarité, l'image oculaire du même livre (B) qui provient d'une vision antérieure, et ce second état de conscience suscite à son tour par la force de la contiguïté le groupe des impressions tactiles et musculaires (C). C'est l'état de conscience B qui permet au premier état de susciter le troisième ; aussi, je propose de le nommer l'*état de conscience intermédiaire*, pour exprimer sa fonction.

Le fait curieux, c'est que cette image B, souvenir visuel du livre, ne paraît pas, malgré l'importance de son rôle. Lorsque nous regardons le livre, nous n'avons pas, en même temps que cette vision, le souvenir distinct d'une vision antérieure. Ce souvenir constitue cependant une partie indispensable de l'opération, car sans lui il n'y aurait pas de perception possible ; il est, en quelque sorte, « invisible et présent » ; il se fusionne avec la sensation visuelle du moment, et ne fait qu'un avec elle (1), de sorte que cette sensation se trouve directement associée au groupe d'images tactiles et musculaires.

Représentons schématiquement la marche du phénomène.

La perception du livre a pour effet d'unir une sensation visuelle à un groupe d'images tactiles et musculaires. La formation de cette association constitue la conclusion du

---

(1) Nous supposons, pour simplifier, que la vision actuelle du livre et le souvenir visuel du même objet se ressemblent complètement, et que la fusion est totale ; si la ressemblance est seulement partielle, la fusion aussi est partielle.

raisonnement perceptif. On peut exprimer cette synthèse mentale par la formule

$$A - C$$

dans laquelle A représente la vision actuelle du livre, C le groupe d'images musculaires et tactiles, c'est-à-dire le fait inféré, et le signe —, le lien d'association qui unit ces deux termes (1).

Le problème psychologique qui se pose, avons-nous montré plus haut, est d'expliquer la formation de cette association. Or, nous disons que la vision actuelle de l'objet commence par rappeler le souvenir d'une vision antérieure, grâce à la ressemblance de ces deux états. C'est ce qu'on peut encore représenter symboliquement, de la manière suivante :

$$A = B$$

Dans cette formule, A continue à représenter la vision actuelle du livre placé devant nos yeux, B représente le souvenir d'une vision antérieure de ce même livre, c'est-à-dire son image visuelle, et le signe = marque la ressemblance de la sensation et de l'image. Cette identification est, à notre avis, la première partie, le premier acte de la perception extérieure.

Il n'y a pas seulement un rappel, une évocation de l'image B ; mais cette image, une fois évoquée, se fusionne avec la sensation A, comme les deux sensations des pointes de compas, dans l'expérience de Weber. Ce résultat n'a

(1) Nous employons des signes algébriques uniquement pour figurer d'une manière sensible les propriétés des images qui concourent à un raisonnement. C'est dire que nous ne nous plaçons nullement au point de vue des logiciens anglais tels que de Morgan, Boole, Stanley Jevons, qui se sont aussi servis de ces signes, mais dans le but de mettre le problème logique en équation, et de le résoudre par des procédés plus ou moins analogues à ceux de l'algèbre. (Consulter à ce sujet l'intéressant ouvrage de Louis Liard : *les Logiciens anglais contemporains*.)

rien d'étonnant si l'on songe que l'image est presque
une sensation. Nous avons consacré un chapitre à le
démontrer. On peut donc désigner cette fusion de la
manière suivante, qui a l'avantage de parler aux yeux :

$$(A = B)$$

Dans cette nouvelle formule, les parenthèses expriment
la fusion de la sensation et de l'image.

Ici se termine le premier acte de la perception et le
second commence. Nous avons supposé, dans notre exemple, que des expériences antérieures avaient cimenté une
association entre la vision du livre et les sensations très
diverses que cet objet produit quand on le prend, qu'on
l'ouvre et qu'on le lit, sensations dont le souvenir a été
désigné par la lettre C. C'est ce qui peut se représenter ainsi :

$$B - C$$

formule dans laquelle B représente toujours la vision
antérieure du livre, C les expériences du toucher actif, et
le signe — l'association préformée entre ces deux images.

Nous disons donc que, par le fait de la fusion de A et
de B, c'est-à-dire par suite de la fusion de la vision
actuelle avec le souvenir visuel de l'objet, C se trouve associé
directement avec A, ou, en d'autres termes, l'idée des
attributs invisibles de l'objet se trouve directement associée
dans notre esprit à son aspect visuel. Finalement, nous
arrivons à cette dernière formule, qui s'explique toute
seule :

$$(A = B) - C$$

En résumé, l'opération totale se décompose ainsi : une
association par ressemblance qui a pour but d'*introduire*
une association de contiguïté. Comme cette dernière est le
but, elle détourne l'attention de la première, qui est le
moyen.

Il serait facile de simplifier la description de cette

opération, en montrant qu'elle se réduit à l'assimilation partielle de deux images. En effet, la perception se fait par la fusion partielle de la sensation oculaire que l'objet produit actuellement sur nous avec le souvenir complet du même objet, ou d'un objet semblable, qui subsiste dans notre mémoire. Cette assimilation de deux impressions est la propriété biologique dont le raisonnement dérive.

Nous avons commencé par proposer ce mécanisme de la perception comme une hypothèse. Mais si l'on compare cette explication à tous les faits morbides qui ont été cités, on reconnaîtra que l'hypothèse est bien près de s'élever au rang de théorie. On a vu que dans toutes les perceptions morbides qui se prêtent à l'analyse, le phénomène commence par un acte d'identification, c'est-à-dire par une *fusion de la sensation excitatrice avec la première image qu'elle évoque.* Rappelons, parmi les cas les plus topiques, le dormeur qui voyant une bluette la transforme en un réverbère allumé et voit apparaître devant lui une rue éclairée de nuit ; l'alcoolique qui, voyant des points noirs s'agiter dans son champ visuel, les transforme en petites bêtes noires dont les pattes s'allongent ; la personne éveillée qui, en fixant son attention sur les lignes confuses d'une table, finit par en voir sortir des formes arrêtées ; et enfin l'individu victime d'une illusion des sens qui confond un étranger avec un ami, en se laissant tromper par une ressemblance grossière de taille, de tournure ou de vêtement. Toujours et partout, la perception extérieure, qu'elle soit exacte, qu'elle soit fausse (illusion), ou qu'elle soit folle (hallucination), débute par une fusion entre les sensations du monde extérieur et les images que ces sensations font jaillir dans l'esprit.

La seule différence, c'est que, dans les perceptions fausses et pathologiques, il suffit d'une ombre de ressemblance pour opérer la suggestion, tandis que, dans une perception cor-

recte, on ne tient compte que d'un ensemble de ressemblances, et il suffit même d'une ombre de différence pour
empêcher la suggestion. M. Helmholtz a remarqué que
dans l'arrangement stéréoscopique la présence d'une
ombre mal projetée détruit l'illusion. Mais nous sommes
obligés d'écarter ces détails, dans un intérêt de clarté.
Nous retenons simplement de tout ce qui précède que la
perception débute par une identification.

D'ailleurs, comment pourrait-il en être autrement ?
Lorsqu'on perçoit un objet extérieur, on reçoit des sensations qui sont toujours nouvelles et distinctes de toutes
celles qui les ont précédées. Comment donc ces sensations
nouvelles pourraient-elles évoquer des états passés, antérieurs, comme les images, sinon par l'effet de la ressemblance ? La ressemblance est le seul lien qui puisse réunir
des états séparés par le temps. Posons ce problème sous
une forme à priori, en employant les formules qui nous
ont déjà servi. D'une part, B est associé à C. D'autre
part, A ressemble à B. Comment A peut-il s'associer à C,
si ce n'est par l'intermédiaire de B ?

Avant d'aller plus loin, nous voulons montrer que ces
phénomènes complexes où la similarité et la contiguïté se
combinent, ont déjà été entrevus par les psychologues,
bien que ceux-ci n'en aient pas compris la signification.
Lisez à ce sujet deux passages, l'un de S. Mill *(Analysis of
the phenomena of the human mind*, t 1, p. 111 et seq.), et
l'autre de M. Bain (*eod. loc.*, p. 120 et seq.) Nous citerons
seulement M. Sully, qui remarque, dans son dernier livre,
intitulé *Outlines of psychology*, que les deux lois de contiguïté et de similarité sont à la fois distinctes et insépa-
rables. « On peut dire que chaque mode de reproduction
implique, en proportions différentes, la coopération de ces
deux éléments. Ainsi, quand le nom d'une personne évoque
l'image de sa physionomie (exemple communément donné
d'une association par contiguïté), c'est parce que le son

présent est automatiquement identifié à des sons précédemment entendus. Ainsi encore, la reconnaissance par
similarité implique d'ordinaire la contiguïté, c'est-à-dire le
rappel de circonstances concomittantes. » L'auteur sym-
bolise la relation de deux lois comme il suit : dans le premier

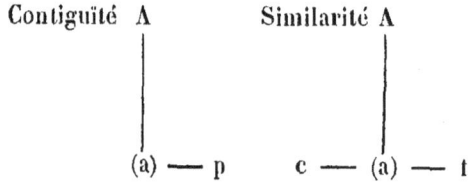

Contiguïté A   Similarité A

(a) — p   c — (a) — t

cas, le processus d'identification entre A et (a) est automatique ou inconscient, et les concomittants ressuscités (p) sont pensés comme entièrement distincts de ce qui
les ressuscite ; — tandis que dans le second cas, l'identification est le moment important du processus, et les
concomittants (c et f) ne sont pas distinctement séparés
de l'élément identifié (a). Il suffit de comparer ce
schéma avec le nôtre pour reconnaître l'identité des deux :
on y voit d'abord la fusion d'un état de conscience avec un
second état semblable, puis la suggestion d'un troisième
état qui était associé au second par contiguïté.

Mais ce qu'il est plus important encore de remarquer,
c'est que le processus de la perception que nous avons
décrit est, selon S. Mill, MM. Bain et Sully, un processus
général, qui se réalise toutes les fois que l'association des
idées entre en jeu, c'est-à-dire à chaque instant de notre vie.
Or, comme nous allons démontrer tout à l'heure la valeur
logique de ce processus, qui constitue un véritable raisonnement, nous pourrons considérer le raisonnement, non pas
comme un fait accidentel, mais comme l'élément constant de
notre vie, la trame de toutes nos pensées. Nous arriverons
de la sorte à accepter pour une vérité démontrée cet appa-

rent paradoxe de M. Wundt : *on pourrait définir l'esprit une chose qui raisonne.*

III

Les phénomènes que nous étudions en ce moment sont si importants que nous ne craignons pas d'en prolonger l'examen. La perception, avons-nous dit, est une opération à trois termes ; on a vu sur combien de preuves s'appuie cette proposition. Mais nous voulons poursuivre la démonstration jusqu'au bout en citant des exemples de perceptions où l'existence distincte de ces trois termes se reconnaît directement, à la seule inspection. C'est ce qui se présente toutes les fois que la perception, en se compliquant et en évoluant, tend à se confondre avec les raisonnements conscients et volontaires.

Prenons un exemple simple que nous chercherons ensuite à compliquer. Qu'est-ce que la lecture d'un mot écrit ? Au premier examen, c'est la simple mise en œuvre d'une association de contiguïté entre un signe graphique et une idée. Lorsque le signe graphique est très clair, comme une lettre imprimée, la suggestion de l'image suit immédiatement la vision du signe ; l'opération paraît être à deux termes, comme la plupart de nos perceptions ordinaires. Par exemple l'image d'une maison apparaît vaguement dès qu'on lit le mot : « maison ». Mais compliquons un peu l'opération, essayons de la retarder, afin d'en mieux saisir le détail, et aussitôt un terme supplémentaire se dégage. Au lieu d'un mot imprimé, voici un mot écrit à la main, et presque illisible. Alors on s'aperçoit que la vision des caractères ne suffit pas pour les comprendre ; il faut, en outre, les reconnaître, se rendre compte que cette lettre défigurée est un *a*, cette autre un *c*, et ainsi de suite. Mais comment cette reconnaissance est-elle possible, sinon par une comparaison entre le caractère altéré et le souvenir du caractère normal ? On décide que cette lettre est un *a*, en constatant qu'elle *ressemble* plus ou moins à la lettre *a* que l'on connaît. Eliminez ce souvenir, cet état de conscience intermédiaire, et l'opération devient impossible.

Les exemples du même genre abondent. Encore un. Il y a des diagnostics qu'on fait à distance, tant ils sont faciles ; il suffit souvent à un neuro-pathologiste de voir marcher un ataxique ou un paralytique agitant (maladie de Parkinson) dans la rue pour reconnaître leur maladie. La simple vue d'un gros symptôme évoque le nom de la maladie et la représentation de tous les autres symptômes qui appartiennent à la même affection. Mais le plus souvent, la vue et même l'examen méthodique des malades ne suffit pas ; il faut que le médecin recueille ses souvenirs pour poser le diagnostic. Que fait-il alors ? Il compare le cas qu'il a sous les yeux aux cas analogues qui se sont déjà présentés. Trousseau disait même que dans ce travail de comparaison il se souvenait distinctement des malades qu'il avait vus autrefois à l'hôpital pendant son stage d'étudiant ; il se représentait leur figure, et même, dit-il, le numéro de leur lit. Ce retour conscient aux cas antérieurs et semblables met en saillie l'état de conscience intermédiaire. Cet état apparaît toujours, quand la similarité n'opère pas d'une manière sûre et infaillible.

On peut donc affirmer que trois images se succèdent dans la perception d'un objet extérieur. Il nous reste à montrer l'importance de cette analyse. Elle est exacte, peut-on dire, mais à quoi sert-elle ? C'est de la description pour de la description ; on n'y trouve aucun renseigne-

8

ment sur le mécanisme du raisonnement; après s'être livré à une minutieuse dissection psychologique, on n'en sait pas plus qu'avant.

Notre but est de montrer brièvement, et surtout aussi clairement que possible, la signification des résultats acquis. Nous sommes convaincu que nous pouvons maintenant donner une théorie exacte du mécanisme du raisonnement ; en effet, grâce à cette supposition qu'il existe dans toute perception un *état de conscience intermédiaire* (B), servant de trait d'union entre l'impression des sens (A) et les images inférées (C), tout devient clair : cette supposition est comme le mot qui, intercalé dans un texte mutilé, en révèle le sens. Nous allons voir qu'on peut retrouver, dans l'histoire de la perception ainsi reconstituée, toutes les parties qui composent un raisonnement régulier.

Tout d'abord l'acte de perception devient une transition du connu à l'inconnu, au moyen de la ressemblance — et on se rappelle que c'est là une définition grossière, mais exacte du raisonnement. Le fait connu, c'est la sensation que nous éprouvons actuellement, par exemple la sensation visuelle d'un livre placé sur la table. Le fait inconnu, c'est la nature de l'objet qui nous donne cette sensation visuelle. Nous acquérons cette notion qui nous manque par la suggestion d'un souvenir — l'image d'un livre ; or, la transition de la sensation à l'image, du fait connu au fait inconnu, nous est fournie, par la ressemblance de l'objet visible avec l'objet auquel nous l'identifions.

On dira peut-être que le raisonnement est quelque chose de plus que cette consécution d'images ; c'est un jugement, c'est la formation d'une croyance nouvelle. Donc, il ne suffit pas d'expliquer comment l'image complète et détaillée du livre peut être provoquée à l'occasion d'une sensation élémentaire de la vue ou du toucher ; il faudrait encore rendre compte de cette croyance nouvelle qui nous permet d'affirmer que « ceci est un livre ». Autre chose

est la suggestion d'un fait, autre chose le jugement qui
l'accepte comme vrai. On n'expliquera pas, par exemple,
le raisonnement qui nous fait dire que Paul est mortel,
si on nous montre seulement comment l'idée de la mort
de cet individu nous est venue à l'esprit ; qu'on nous dise
encore comment cette idée détermine notre conviction.
Telle est l'objection que certains lecteurs ne manqueront
pas de présenter. Essayons d'y répondre.

Croyance, conviction, assentiment, sont de ces phénomènes vagues, *flous* et mal définis qui abondent en psychologie ; on pourrait en faire difficilement l'objet d'une étude
méthodique. Mais les psychologues ont pris un biais ; ils
ont remarqué que la croyance résultait en général d'un
rapport entre des images. Lorsque deux faits se sont
souvent présentés en même temps ou dans une succession immédiate, les images correspondantes ont une
tendance à se lier dans notre esprit, et de plus, nous
avons une tendance à croire que les phénomènes dont
l'idée est associée dans notre esprit sont également associés dans la réalité. (Voir p. 74). Ceci dit, il est clair
qu'une théorie explique la formation d'une croyance nouvelle si elle explique non seulement la suggestion de
l'idée à affirmer, mais l'association, l'organisation de cette
idée avec d'autres. Répétons-nous, pour être plus clair.
Nous admettons qu'il ne suffit pas de dire comment
l'idée de la mort d'un homme nous est venue, pour expliquer notre conviction raisonnée que cet homme doit mourir ; mais du moment que nous expliquons comment
cette idée de la mort *s'associe* avec celle de l'individu en
question, de manière à provoquer la croyance qu'il est
mortel, nous avons atteint notre but et démontré ce qu'il
fallait démontrer.

Eh bien ! cette démonstration a-t-elle été fournie ?
La précédente analyse a-t-elle expliqué comment, en dehors
de toute expérience, par un simple jeu des lois mentales,

une association peut se former entre deux images? C'était, on s'en souvient, une des conditions que nous avions opposées (p. 87) à toute explication du raisonnement, — cette condition nous paraît résolue. On a vu la raison pour laquelle l'image détaillée du livre se combine avec la sensation visuelle du moment ; c'est parce que ces deux impressions ont des points de ressemblance qui les soudent. Ainsi s'expliquent toutes les synthèses de nos sensations et de nos souvenirs.

Mais ce n'est pas tout ; une conclusion de raisonnement ne renferme pas seulement une adhésion à une vérité nouvelle ; cette vérité présente encore ce caractère propre d'être une conséquence logique d'une vérité déjà admise. En termes psychologiques, l'association d'images que le raisonnement établit a lieu par l'intermédiaire d'associations préexistantes qu'on appelle prémisses. Raisonner, c'est établir des associations sur le modèle d'autres associations déjà faites (voir p. 88). Il reste à montrer que notre thèse sur le mécanisme de la perception rend compte de ce dernier caractère du raisonnement. Dans ce but, il faut établir un nouveau parallèle entre la perception extérieure et le syllogisme.

En premier lieu, on observera que la perception est une opération à trois termes, A, B, C. Le premier terme (A) représente la vision actuelle de l'objet, le second (B) sa vision antérieure, et le troisième (C), les propriétés inférées. Le syllogisme est aussi une opération à trois termes ; dans l'exemple que nous avons analysé autrefois, ces termes sont *Socrate, homme* et *mortel.*

Autre remarque. Dans le syllogisme, le moyen terme entre dans la majeure et la mineure, et disparaît de la conclusion, bien qu'il l'ait préparée. C'est le terme « homme ». Le raisonnement, comme le remarque Boole, est l'élimination d'un moyen terme, dans un système à trois termes. Ce moyen terme prépare la conclusion, disons-nous, car si Socrate n'était pas homme, il ne serait pas mortel. De même dans la perception, le terme B, le souvenir visuel de l'objet, est un véritable moyen terme ; d'une part, il s'évanouit, quand on arrive à la conclusion, car il se fond avec la vision actuelle (A) ; d'autre part, il prépare la conclusion, car si l'aspect actuel de l'objet ne ressemblait pas à l'aspect antérieur et déjà vu (B), nous ne serions pas capables de le reconnaître.

Mais le parallèle peut être poussé bien plus loin. Il est possible de découper l'acte de perception, comme on le fait pour le syllogisme, en trois tranches, c'est-à-dire en trois parties qui correspondent aux trois propositions verbales d'un raisonnement logique.

Commençons par traduire en langage psychologique le syllogisme banal qui nous a déjà servi si souvent. Prenons d'abord la majeure :

Tous les hommes sont mortels.

Cette proposition exprime, selon l'analyse d'un logicien (1), que les attributs connotés par homme n'existent jamais que conjointement avec l'attribut mortalité, de telle sorte que toutes les fois que le premier attribut se présentera nous pourrons être certains de l'existence du second. C'est un rapport entre deux faits. Psychologiquement, la proposition a un autre sens ; elle veut dire qu'il existe dans notre esprit une association entre deux groupes d'images, un groupe d'images abstraites qui représentent l'homme et un groupe d'images génériques qui représentent la mort. Par association nous entendons que ces deux images se produisent simultanément ou en succession immédiate dans notre esprit. On dit encore que les deux images sont *contiguës*. Nous appellerons par conséquent notre proposition

(1) Stuart Mill, *Logique*, t. I, p. 199.

8*

majeure une proposition de contiguïté. C'est à notre expérience passée ou au témoignage d'autrui que nous devons cette association ; elle est donnée, acquise, considérée comme juste, au moment où nous faisons le raisonnement. C'est sur elle que notre conclusion va s'appuyer.

La mineure du raisonnement

Socrate est homme

est d'une autre nature. Elle signifie, au point de vue logique, qu'il y a ressemblance parfaite, identité, entre certains attributs de Socrate (couleur, forme, taille, structure interne) et les attributs de l'humanité. Voilà ce que *signifie* la proposition ; maintenant, question distincte, qu'*est-elle*, au point de vue psychologique ? C'est un acte d'assimilation entre l'image de certains attributs de Socrate et l'image générique de l'humanité. L'esprit saisit ici une ressemblance entre deux groupes d'images, et la proposition qui exprime cet acte interne peut être nommée une proposition de ressemblance.

La conclusion

Socrate est mortel

contient la vérité découverte par déduction. Envisagée au point de vue objectif, elle signifie qu'il existe une relation de coexistence entre l'individu appelé Socrate et les attributs de la mortalité, ou, en d'autres termes, que Socrate possède ces attributs. Psychologiquement, cette proposition indique qu'il s'est établi un rapport de contiguïté dans notre esprit entre l'image de Socrate et l'image de la mortalité.

En résumé, le raisonnement précédent peut être découpé en trois propositions : (I) une proposition de coexistence, la majeure ; (II) une proposition de ressemblance, la mineure; (III) une proposition de coexistence, la conclusion (1).

Maintenant, mettons en vis-à-vis, d'une part les propositions du syllogisme et d'autre part les formules symboliques qui nous ont servi dans notre analyse de la perception :

Majeure : *Tous les hommes sont mortels* $\quad$ B — C

Mineure : *Socrate est homme* $\quad\quad\quad\quad$ A $=$ B

Conclusion : *Socrate est mortel* $\quad\quad\quad$ (A $=$ B) — C

La majeure de notre syllogisme est, avons-nous dit, une proposition de coexistence : elle signifie que l'image générique d'homme est associée, dans notre esprit, à l'image abstraite de mortalité. De même, dans la formule B — C, nous trouvons indiquée une association d'images ; car cette formule veut dire que la vision antérieure du livre (B) est associée à l'image de ses qualités tangibles (C). Donc, des deux parts, même association de contiguïté.

La mineure de notre syllogisme exprime une ressemblance entre la représentation de Socrate et celle des attributs connotés par le mot humanité. Dans la formule A $=$ B, il y a également une identification entre la vision actuelle du livre (A) et le souvenir d'une vision antérieure (B), c'est-à-dire entre la sensation et l'image d'un même objet. Donc, des deux parts, même association de ressemblance.

---

(1) Suivant Mill (*op. cit.*, p. 200, t. 1er), le principe impliqué dans toute inférence ressemble étonnamment aux axiomes des mathématiques. C'est que « les choses qui coexistent avec une autre chose coexistent entre elles ». Ainsi : Socrate coexiste avec homme. — Mortel coexiste avec homme. — Donc, Socrate et mortel coexistent entre eux. Mais il y a dans cette analyse une erreur ; en réalité le raisonnement ne se compose pas de trois propositions de coexistence. La mineure est une proposition de ressemblance. Dire que Socrate est homme signifie qu'il ressemble aux hommes que nous connaissons. Mill le remarque lui-même (p. 228, t. 2). Aussi devrait-on plutôt dire : — Socrate ressemble à homme — — homme coexiste avec mortel — Socrate coexiste avec mortel. Si l'on voulait à toute force dégager un principe de cette opération, nous proposons le suivant : « une chose qui ressemble à une autre chose lui communique la propriété qu'elle a de coexister avec une troisième ».

Enfin la conclusion de notre syllogisme indique qu'il existe une association de contiguïté entre l'image de Socrate et l'image de la mort. Dans la formule $(A = B) — C$, on voit aussi une association de contiguïté se former en*re la vision du livre et l'idée de ses attributs tangibles. Donc, des deux parts encore, même association de contiguïté.

Il serait superflu d'insister. La perception est évidemment composée des mêmes parties qu'un raisonnement en forme. Mais l'étude directe du raisonnement en forme ne peut conduire à une théorie de cette opération, car les états de conscience qui en sont l'objet sont trop compliqués pour qu'on puisse observer d'après quelle loi ils s'enchaînent. Quand je dis : Tous les hommes sont mortels, Socrate est homme, donc il est mortel, que se passe-t-il dans mon esprit ? Je n'en sais rien au juste. Il me semble que j'aperçois un défilé d'images confuses. En tout cas, je ne puis comprendre comment ces images s'enchaînent et s'ordonnent en raisonnement. Je suis, pour employer une comparaison de M. Wundt, comme un physicien qui voudrait étudier les vibrations d'un pendule en les regardant à travers le trou d'une clef, ou comme un astronome qui, pour étudier le ciel, s'établirait dans une cave.

L'étude des perceptions simples nous révèle la loi que nous cherchons : elle nous montre que les sensations et images s'organisent en vertu des deux lois de similarité et de contiguïté. L'étude des cas morbides, rêves, hallucinations, etc., achève de faire la lumière.

Finalement, notre théorie satisfait aux trois conditions que nous avions posées : elle ne fait intervenir que les lois connues de l'association des images ; elle explique comment une association s'établit entre deux images, par le seul jeu des lois mentales ; elle explique enfin comment cette association se forme sur le modèle d'associations antérieures.

Tout ce qui précède peut tenir dans une formule unique,

qui nous servira de définition : *Le raisonnement est l'éta-blissement d'une association entre deux états de conscience, au moyen d'un état de conscience intermédiaire qui ressemble au premier état, qui est associé au second, et qui, en se fusionnant avec le premier, l'associe au second.*

Il est souvent commode de caractériser une théorie d'un mot. Notre théorie du raisonnement est une théorie de substitution. Nous y voyons le grand terme (A) se *substituer* au moyen terme (B), c'est-à-dire une image prendre la place d'une autre image, qui est partiellement identique (1).

(1) Nous avons eu le plaisir de rencontrer une théorie très analogue, dans un article signé par un psychologue très pénétrant et très ori-ginal, M. William James. Après avoir défini la similarité l'association de touts ou d'assemblages en vertu de leurs parties communes, il ob-serve que le procédé de l'association par similarité ressemble beaucoup à celui du raisonnement proprement dit. Le raisonnement, dit-il encore, consiste en une substitution des parties de différents touts. En un cer-tain sens, il ne serait point trop paradoxal de dire que la confusion et le raisonnement sont deux espèces du même genre. On identifie la chose dont on a affaire avec une partie d'un certain autre tout. En ce commun procédé, si l'opération est exacte, c'est le raisonnement, sinon, c'est la confusion. — Nous citons d'après l'analyse de M. Renouvier (*Critique philosophique,* 1879, p. 370 et seq.)

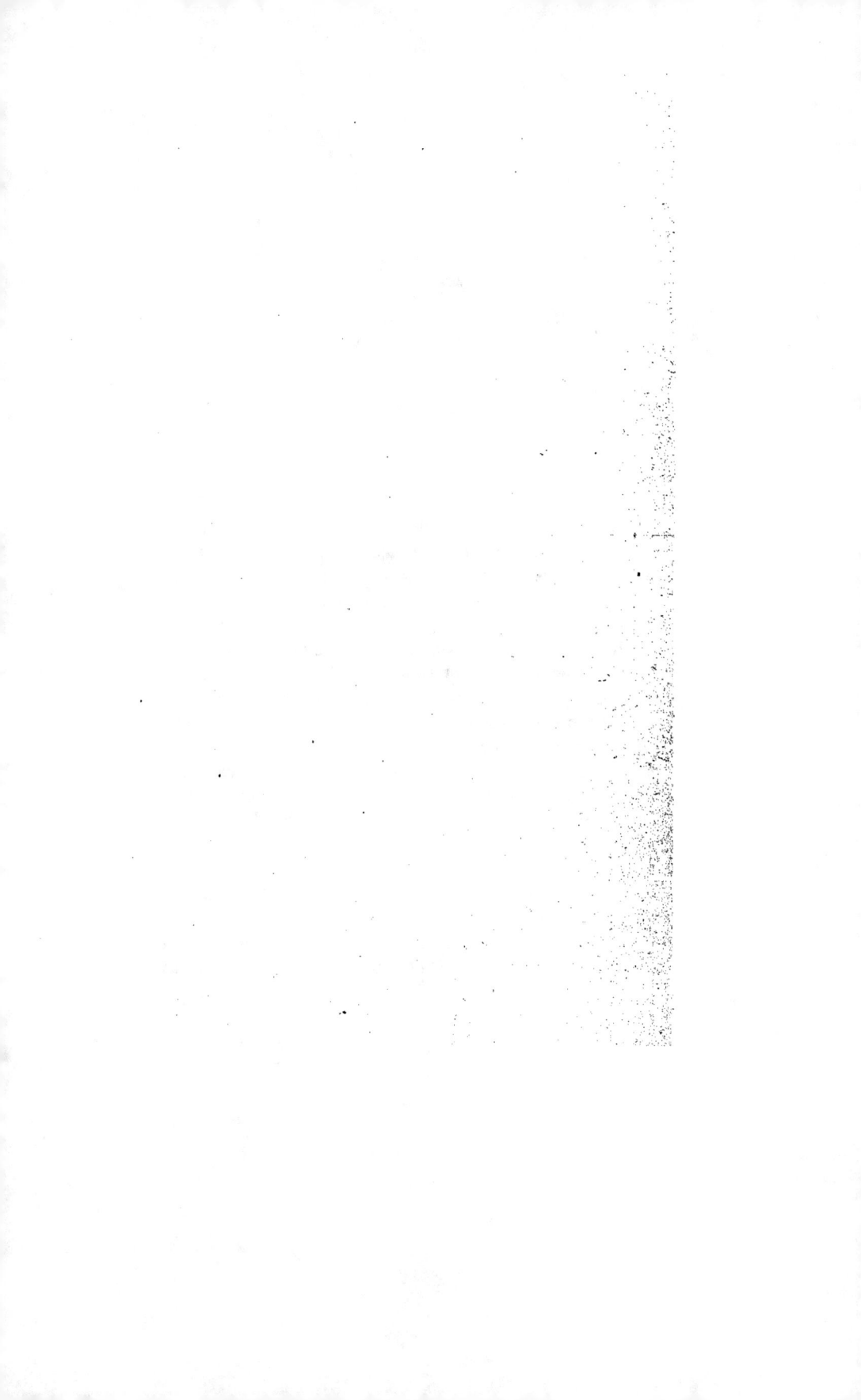

CHAPITRE V

I

Il nous paraît utile de distinguer soigneusement les résultats de notre analyse et les conclusions que nous allons en tirer. Nous croyons qu'on admettra sans difficulté qu'il existe dans toute perception une succession de trois images, dont la première se fusionne avec la seconde, qui à son tour suggère la troisième. L'existence de ces trois images et leur coordination paraissent dores et déjà bien établies. Ce sont des faits que les psychologues de toutes les écoles peuvent admettre, sans craindre de compromettre les théories qui leur sont chères.

Mais les conclusions, les interprétations que ces faits suggèrent, ne rencontreront pas, très probablement, un assentiment aussi facile, car je vais être obligé de toucher à des questions sur lesquelles beaucoup d'esprits ont leur siège fait. Il n'est que juste d'ajouter que ces interprétations sont beaucoup moins solidement établies que leur point de départ.

C'est sous le bénéfice de ces réserves que je vais essayer de démontrer que la *théorie des trois images* s'applique aux

raisonnements de toutes les espèces, et constitue par conséquent une théorie générale du raisonnement. *A priori*, on
pourrait déjà affirmer la légitimité de cette recherche ; car,
à moins de soutenir que le raisonnement supérieur a été
créé de toutes pièces, il faut bien admettre qu'il est le
terme d'une évolution ascendante, et indiquer de quelle
forme inférieure il sort.

Le lecteur sait déjà qu'il n'y a point de différence tranchée entre la perception et le raisonnement logique ; les
deux opérations sont des raisonnements, des transitions
du connu à l'inconnu. L'analogie est si grande que nous
avons pu comparer la perception au raisonnement en
forme, et montrer que la perception contient tous les éléments essentiels d'un syllogisme péripatéticien (voir p. 82).
En somme, perception et raisonnement logique ne sont
que les deux extrêmes d'une longue série de phénomènes,
et, lorsqu'on se place au milieu de la série, on trouve des
inférences qui tiennent à la fois des deux (voir p. 67). Il
y a plus : nous avons montré qu'il existe une sorte de rapport de filiation entre la perception et les raisonnements
de la logique consciente. C'est ainsi que lorsqu'on fait
disparaître graduellement chez une malade l'anesthésie
systématisée qu'on avait développée chez elle relativement
à une personne donnée, ce qui apparaît tout d'abord, c'est
la perception de la personne comme espèce ; et ce n'est
qu'ensuite, par une sorte d'évolution ascendante, qu'a lieu
la recognition de la personne comme individu ; or, on sait
que la recognition est une opération complexe qui touche de près aux raisonnements proprement dits. Toutes
ces raisons portent à croire que le raisonnement perceptif
et le raisonnement logique supposent le même mécanisme
(voir p. 72).

Examinons maintenant les principales objections qu'on
pourrait faire à cette thèse.

Un des caractères qui distinguent le raisonnement logi-

que et la perception, c'est que le raisonnement logique
a pour matière des objets, et le raisonnement perceptif
pour matière des sensations. Il en résulte une seconde
différence, tirée de l'existence du langage ; le langage,
étant fait pour nommer des objets et non des sensations,
prête son appui au raisonnement logique et le refuse à la
perception. Mais négligeons cette seconde différence, qui
est secondaire et dérivée, pour nous en tenir à la première. Précisons. En quoi consistent, au point de vue
psychique, les termes des raisonnements logiques ? Les
uns sont des idées générales et abstraites ; les autres
sont des souvenirs de faits, ou des souvenirs d'objets
particuliers. Tous sont les résidus de perceptions antérieures ; ils en viennent plus ou moins directement, mais
ils en viennent tous ; ce sont tous des percepts.

Jusqu'à présent nous avions considéré le percept comme
une synthèse de sensations et d'images, ou plutôt comme une
sorte de microcosme ; ici, le percept devient l'unité. On peut
le comparer à un radical chimique qui, quoique composé
d'atomes de différents corps, fonctionne comme un corps
simple. Le percept d'une personne ou d'un fait, dans
lequel nous avons vu le résultat d'un raisonnement automatique, devient un terme dans les raisonnements compliqués ; de sorte qu'on pourrait dire de ces dernières
opérations qu'on y raisonne sur des raisonnements.

Ceci posé, la question est de savoir si le raisonnement
logique est construit avec des percepts comme le percept
est construit avec des sensations. Il n'y a aucune bonne
raison à alléguer contre cette unité de composition mentale ;
on ne voit pas pourquoi les percepts, qui sont des groupes
d'images, auraient d'autres propriétés que les images et les
sensations isolées : et on ne voit pas comment les percepts
d'un raisonnement logique ne s'associeraient pas d'après
les mêmes procédés que les images et les sensations dans
un raisonnement automatique.

BINET.   9

Pour mieux nous faire comprendre, invoquons une analogie. Lorsque nous voulons prouver que le souvenir visuel
détermine les mêmes effets chromatiques que la vision
réelle, nous opérons sur le souvenir visuel le plus simple,
la représentation d'une couleur; on a vu ailleurs (p. 40) que
l'idée de cette couleur, du rouge, par exemple, détermine
une image consécutive verte. L'expérience ne réussit qu'en
se plaçant dans des conditions de cette simplicité ; on n'ob-
tiendrait aucune sensation consécutive colorée en se
représentant mentalement un objet compliqué, comme une
vue de campagne ou l'aspect d'un marché. Cependant nous
n'hésitons certainement pas à transporter à l'image complexe
le phénomène observé sur l'image simple d'une couleur, et
à faire de ce phénomène une propriété générale des images.
Nous croyons la généralisation tout aussi légitime, quand il
s'agit du raisonnement; nous demandons qu'ici encore on
transporte aux images complexes ce qu'il n'est guère possible
de constater directement que sur les images isolées ; nous
demandons qu'on admette que les termes d'un raisonnement logique s'enchaînent par suite des mêmes lois que
les images d'un raisonnement perceptif, parce que ces
termes sont des groupes d'images qui doivent avoir les
mêmes propriétés que les images isolées.

Mais il y a une raison encore plus décisive de croire
que le raisonnement logique est construit sur le même
modèle que la perception. Notre analyse de la perception a pris pour point de départ l'étude du syllogisme,
elle s'est proposé comme but de retrouver dans la perception toutes les parties dont se compose un raisonnement
en forme ; cette méthode nous a fait découvrir dans la perception l'existence de trois termes et de trois propositions
comparables de tous points aux termes et aux propositions
du syllogisme. De cette dissection est résultée la théorie
des trois images. Comment cette théorie ne serait-elle pas
applicable de plein droit au syllogisme puisqu'elle en vient?

Nous terminerons par quelques réflexions sur l'ordre dans lequel sont distribuées les propositions syllogistiques.

A ce sujet M. Spencer a adressé au syllogisme un certain nombre de critiques dont une partie nous paraît fondée « Soit, dit-il, le syllogisme suivant (1) :

> Tous les cristaux ont un plan de clivage.
> Ceci est un cristal.
> Donc ceci a un plan de clivage.

« Cette série de propositions ne saurait exprimer l'ordre dans lequel nos pensées se succèdent pour engendrer la conclusion. Soutiendra-t-on avec quelque vraisemblance qu'avant de penser à ce cristal-ci, j'ai pensé à tous les cristaux ? Il y aurait là une rencontre fortuite et inexplicable. En fait, l'idée de ce cristal a dû précéder ma conception de tous les cristaux, et c'est par conséquent un des éléments de la mineure qui m'a suggéré un des éléments généraux de la majeure. » Cette objection nous paraît très juste, aussi nous conduit-elle à transposer les prémisses de la façon suivante :

> Ceci est un cristal.
> Tous les cristaux ont un plan de clivage.
> Ceci a un plan de clivage.

Mais nous ne pouvons plus suivre M. Spencer dans ses objections à cette nouvelle disposition des prémisses. Pourquoi, demande-t-il, à l'idée de ce cristal individuel, ai-je été conduit à penser à tous les cristaux, et non pas à toute autre classe ? — Pourquoi ? peut-on répondre ; c'est par suite d'un rapport de ressemblance, c'est parce que « ceci » ressemble à un cristal, aux cristaux que nous connaissons, et par conséquent à la classe des cristaux. — Pourquoi, dit encore M. Spencer, quand je pense aux cris-

(1) *Op. cit.*, t. II p. 97.

taux, pensé-je à leurs plans de clivage, et non à leurs angles,
à leurs axes, ou à toute autre de leurs propriétés ? — Je
pense à leurs plans de clivage, à cause d'un rapport préétabli de coexistence entre les cristaux et les plans de
clivage : j'aurais pu penser à tout autre attribut, c'est
vrai ; dans ce cas la conclusion aurait été différente, et au
lieu de dire que ce cristal a un plan de clivage, je lui
aurais attribué telle autre propriété. Voilà tout. Une chose
est-elle impossible, parce qu'elle aurait été possible autrement ?

Il faut donc dans tout syllogisme transposer les prémisses, placer la mineure avant la majeure, et dire : Ceci
est un cristal — tous les cristaux ont des plans de clivage
— ceci a un plan de clivage ; ou encore : Socrate est
homme — tous les hommes sont mortels — donc Socrate
est mortel.

On découvre alors une ressemblance frappante entre
le raisonnement perceptif et le raisonnement logique. Dans
les deux cas, l'opération débute par une association de
ressemblance. La nouvelle disposition des propositions
syllogistiques est donc tout à fait conforme à la marche
que l'esprit suit en raisonnant, puisqu'elle reproduit la
marche du raisonnement perceptif, lequel constitue le vrai
raisonnement « vivant », tandis que les raisonnements
des traités de logique sont des raisonnements morts et
disséqués par les logiciens (1).

---

(1) Ainsi, nous croyons que, dans toutes les espèces de raisonnements, le travail psychique consiste essentiellement dans une fusion
d'images. Mais cette conclusion ne nous empêche point de reconnaître
que l'esprit humain a franchi un intervalle immense le jour où il a
passé du raisonnement perceptif et inconscient, qui est commun à la
plupart des animaux, aux raisonnements logiques, conscients,
vraiment scientifiques, qui ne sont accessibles qu'à un très petit
nombre d'individus. La supériorité de ces derniers raisonnements
tient à une infinité de causes ; ils supposent le pouvoir de saisir,
sous des contrastes apparents, des similitudes réelles (par exemple,

II

Admettons que le raisonnement est essentiellement un, que la plus simple des inférences est produite comme la plus haute des généralisations par une fusion et un groupement d'images. De cette définition générale du raisonnement on peut déduire son utilité, sa fonction, son domaine et ses limites. Qu'on se rappelle que les images sont des vestiges, des résidus de sensations antérieures ; qu'elles naissent à la place même où les sensations antérieures ont été reçues, dans les centres sensoriels de l'écorce cérébrale ; et l'on comprendra que ces images en se groupant en raisonnements, selon les lois de leur affinité, ont pour but de remplacer les sensations absentes.

Telle est donc la fonction du raisonnement ; il agrandit la sphère de notre sensibilité, et l'étend à tous les objets que nos sens ne peuvent pas connaître directement. Ainsi compris, le raisonnement est un *sens supplémentaire*, qui a l'avantage d'être affranchi de ces conditions étroites du temps et de l'espace, les deux ennemies de la connaissance

---

assimilation de la force mécanique du vent à celle d'une chute d'eau, de la fleur à une feuille transformée, du crâne à une vertèbre, de la foudre à l'étincelle électrique, de la respiration à la combustion, etc.) ; ils supposent une comparaison entre les diverses parties du raisonnement, qui sont toutes présentées à l'esprit, et qui permettent de juger si la conclusion est légitimée par ses prémisses ; enfin, ils ont pour résultat non seulement de démontrer, mais d'expliquer, en ramenant le fait inféré sous une loi plus générale ; de là la supériorité du raisonnement sur l'observation, des sciences déductives sur les sciences expérimentales, de la géométrie d'Euclide sur la tachimétrie.

humaine. Le raisonnement est tour à tour œil qui voit, main qui touche, oreille qui entend.

On trouve des exemples de ces diverses fonctions dans l'histoire des perceptions.

Lorsque nous traversons, pendant la nuit, une chambre connue, les impressions de toucher que nous ressentons provoquent des images visuelles qui nous guident parmi les meubles et nous empêchent de nous heurter et de trébucher. Le mécanisme de cette suggestion est une perception du toucher, c'est-à-dire un raisonnement. Le raisonnement nous permet donc de *voir* en quelque sorte, grâce à une image visuelle, l'objet que nous touchons dans les ténèbres. Et cette vision intérieure est étrangement développée chez les somnambules, qui marchent le plus souvent les yeux clos et savent éviter des obstacles de toute nature, par leur sens du toucher hyperesthésié. Il est probable que si le somnambule ne voit pas par ses yeux, il voit par raisonnement. C'est le raisonnement qui, au sein de l'obscurité, le guide au moyen d'une lumière intérieure, formée par les images visuelles. On comprend ainsi une foule de tours de force invraisemblables, comment par exemple tel somnambule peut écrire une page d'écriture, la relire et la corriger exactement, sans le concours de la vue.

On connaît la très authentique histoire d'un abbé qui écrivait des sermons pendant ses accès de somnambulisme naturel (1). Un jour, on plaça une feuille blanche sur la page d'écriture qu'il venait de terminer, et il se relut sur cette page blanche, faisant çà et là des ratures et des corrections qui coïncidaient exactement avec le texte placé dessous. Dans ce cas, il avait une image visuelle très exacte de la page écrite, et il extériorisait cette image sur la

(1) L'observation est citée par Bersot, *Mesmer et le magnétisme animal,* 5e édition, p. 247.

feuille de papier, remplaçant ainsi la vue par le raisonnement. Ces cas extrêmes nous donnent la clef de l'état normal.

Il est plus difficile de démontrer directement que le raisonnement logique est comme un sens supplémentaire, et qu'il a pour but de nous donner une vision interne (1) qui prolonge la vision extérieure. Dans le syllogisme, le fait affirmé par la conclusion est trop complexe, trop abstrait pour que sa connaissance paraisse assimilable à une sensation. Cependant, beaucoup d'auteurs ont soutenu une thèse analogue ; Schopenhauer a dit que les axiomes géométriques sont sentis. Nous ne conserverons aucun doute sur ce point, si nous observons avec soin ce qui se passe chez les hystériques, ces espèces de *voyantes,* qui, bien souvent, matérialisent les conclusions de leurs raisonnements, et en font des hallucinations.

Un jour, nous donnons à W..... en somnambulisme, la suggestion de faire des pieds de nez au buste de Gall placé sur une table voisine (2). A son réveil, elle fait le geste indiqué, et cherchant à expliquer le motif de cet acte suggéré, qui pour elle est spontané et libre, elle dit : « Il est dégoûtant ce buste ». C'est une conclusion de raisonnement : or, remarquez que cette conclusion prend la forme d'une hallucination ; la malade *voit* le buste sous un aspect dégoûtant, M. Féré m'a rapporté ce second exemple : On donne, un jour, à une autre malade, l'hallucination de M. Féré et on lui fait croire qu'elle se bat avec lui ; pendant ce combat imaginaire, la malade assène sur sa tempe un vigoureux coup de poing, qui l'étend à terre. Le lendemain, la malade éveillée voit M. Féré entrer dans la

---

(1) Nous prenons ici, pour être plus clair, la vision pour tous les sens, c'est-à-dire l'espèce pour le genre.

(2) La plupart des faits que nous rapportons ont été relevés par nous au cours de recherches poursuivies en commun avec le docteur Féré, à l'hospice de la Salpêtrière.

salle, et elle s'aperçoit qu'il porte à la tempe un bleu ; ce bleu était produit par le coup de poing imaginaire qu'elle lui avait appliqué la veille. Ici encore, la conclusion du raisonnement aboutit à une vision. La malade a exécuté ce raisonnement inconscient : je lui ai donné un coup de poing extrêmement violent à la tempe — donc il doit en porter la marque. De là l'hallucination d'une ecchymose. — Au sortir d'une phase de léthargie profonde qui avait duré cinq minutes au plus, une malade s'imagine qu'elle a dorm pendant plusieurs heures. Nous lui répondons qu'il est deux heures de l'après-midi (il était en réalité neuf heures du matin). Aussitôt, la malade ressent la faim la plus vive et nous prie de la laisser aller dîner. C'est encore un raisonnement (il est tard — donc j'ai faim) qui produit, comme conclusion, une sorte d'hallucination organique, l'hallucination de la faim.

Les exemples précédents sont inédits ; en voici quelques autres qui ont déjà été publiés ; mais le phénomène n'a pas encore été étudié au point de vue où nous nous plaçons. M. Richet suggère à miss C....., endormie, qu'elle monte sur un paquebot, et qu'elle part pour New-York ; bientôt le balancement du navire se fait sentir, la dame pâlit, et, rejetant la tête en arrière, elle eut de véritables nausées. Cette hallucination est produite par le développement logique que le sujet fait subir à la suggestion d'un voyage en mer : ce mal de cœur est une conclusion de raisonnement inconscient : Je suis sur un paquebot — donc il balance — donc j'ai mal au cœur. — A un de ses amis, M. Richet suggère qu'il fait une ascension en ballon ; le sujet voit bientôt dans le lointain une grosse boule brillante : c'est la terre — vision qu'il se suggère lui-même, et qui est encore une déduction de la suggestion primitive. Quand il s'agit d'opérer la descente, M. Richet imagine de tendre une ficelle et de se laisser choir sur la terre le long de cette ficelle tenue par la main. Pendant cette dangereuse excursion, le sujet s'arrêta tout à coup, disant que la ficelle lui brûlait les mains. Nouvelle déduction qui prend la forme hallucinatoire.

Les auteurs qui commentent les faits de ce genre y voient une simple manifestation de l'association des idées. Ce serait, dit-on, par association d'idées que la malade qui se croit sur un steamer éprouve des nausées, etc. Quand on a prononcé ce grand mot d'association, on pense avoir tout dit. C'est un tort. S'il y a des hallucinations qui ne sont guère que des souvenirs ressuscités sous une forme sensible, et dans lesquelles l'esprit du malade se laisse guider par des associations préétablies et toutes faites, ce n'est pas là une règle générale. Dans d'autres hallucinations, c'est tout le contraire ; le malade imagine, crée, invente de toutes pièces une sensation, un objet, un événement, une scène, un tableau qui sont aussi nouveaux pour lui que pour nous, les témoins. Loin de subir des associations déjà faites, il en fabrique de nouvelles, comme ce sujet halluciné qui, montant en ballon, aperçoit la terre à ses pieds bien que jusqu'à ce jour il n'eût jamais fait d'ascension aérostatique. Or, cet établissement d'associations nouvelles, cette construction d'images d'après un plan nouveau, c'est bien du raisonnement. Mais il est clair qu'on trouve entre le raisonnement et le souvenir toutes les transitions possibles, car le raisonnement est une application d'un souvenir à une donnée nouvelle, mais semblable, et, suivant les cas, ce qui prédomine dans l'opération, c'est la reproduction du souvenir — ou son application nouvelle.

Voici quelques autres faits qui appellent les mêmes réflexions. Une de nos malades, transformée par suggestion en prêtre, se voit, au réveil, habillée dans une soutane qui sent mauvais. — Une malade de M. Richet, transformée en archevêque de Paris, voit spontanément le Président de la République, lui présente ses compliments du nouvel an, et

9*

écoute la réponse du Président en disant à voix basse: « eau
bénite de cour ». — Une autre, transformée en général,
voit des chevaux, des aides de camp qui l'entourent, donne
des ordres, réprimande, se sert de la longue-vue, etc. Ce
qu'il y a de curieux, c'est que, lorsque le sujet est intelligent
et imaginatif, la suggestion qu'on lui adresse produit, non
pas une hallucination isolée, mais des hallucinations nombreuses qui forment tableau. Je renvoie, à cet égard, aux
exemples cités par M. Paul Richer (hallucinations d'un
dîner à la campagne, d'une fête, d'un bal de barrière,
etc.) (1). Dans ces exemples, on saisit souvent sur le
vif le travail logique de l'esprit qui tire toutes les déductions possibles du thème qu'on lui impose. Rien n'est
mieux fait pour montrer que le raisonnement a pour but de
créer une sorte de *vision logique*, d'autant plus saisissante
que dans ces circonstances la vision logique — ou en d'autres termes, hallucinatoire — surpasse en intensité la vision
réelle.

Le même phénomène se rencontre fréquemment dans
l'aliénation mentale, quand l'aliéné tire d'une conception
délirante une conclusion qui revêt la forme hallucinatoire.
Tout le monde connaît l'histoire de cet homme, qui, croyant
être un roi, prenait ses haillons pour un manteau royal. Un
cas moins connu est celui d'une pauvre femme qui, ayant
reçu un soir, dans une hallucination, la visite de son mari,
eut consécutivement l'hallucination d'une grossesse, dans
cet exemple une des deux hallucinations forme prémisse et
la seconde est la conclusion, et chaque conclusion devient
une hallucination.

A notre avis, les expériences d'hypnotisme que nous
venons de rapporter donnent la plus belle démonstration
d'un phénomène qui est douteux et presque insaisissable
à l'état normal.

(1) *Op. cit.*, passim.

Nous sommes porté à croire que les raisonnements ordinaires aboutissent à une vision semblable, mais moins intense. Nous jetons une pierre dans un étang. La pierre, après avoir produit à la surface de l'eau des éclaboussures bruyantes, tombe au fond, pendant qu'autour du point où elle est tombée se dessine une série de vagues. De là nous inférons par raisonnement qu'une autre pierre jetée dans le même étang, ou dans toute masse d'eau, y produira le même effet (Bain). Mais en quoi consiste cette conclusion ? Au moment où, allant lancer la seconde pierre, j'infère l'effet qu'elle va produire, que se passe-t-il dans mon esprit ? N'est-ce point une vision interne de l'eau, des éclabous sures bruyantes, et de ces ondes concentriques qui se for. meront autour du point ébranlé ? De même, toute conclusion de raisonnement me paraît avoir pour but de nous faire *voir*, par les yeux de l'esprit, l'objet ou le fait que la conclusion affirme. L'individu qui raisonne se recueille pour regarder en dedans de lui-même, dans une sorte de lanterne magique, les images qui passent et les tableaux qui se forment. Le raisonnement fabrique une espèce de vision logique qui remplit les lacunes de la vision réelle ; il construit dans notre esprit un nouvel univers sur le modèle du grand. En somme, te. est le but de la connaissance : savoir, comprendre, expliquer, connaître le pourquoi et le comment des choses, tout cela aboutit à un acte de vision. La science la plus haute se résume dans ce simple mot: *voir*.

La Mémoire, qui conserve les impressions des sens, les reproduit au moment nécessaire, et les localise à leur place, dans le tableau du passé, pourrait être appelée à juste titre, comme le raisonnement, un sens supplémentaire ; plus exactement, la mémoire est une vision du passé, tandis que le raisonnement est, en gros, une prévision, c'est-à-dire une vision de l'avenir.

Ces conclusions se trouvent confirmées par les expé-

riences récentes sur l'image consécutive, qui nous font
voir dans le centre visuel une rétine dont tous les points
sont représentés dans la rétine périphérique. L'expression
« œil de l'esprit » cesse d'être une métaphore, et le champ
de l'esprit est comme calqué sur le champ visuel. En effet,
en expérimentant sur l'image consécutive *transférée*, on
voit que cette image, qui est cérébrale comme un souvenir,
a une dimension définie, un haut et un bas, un côté droit
et un côté gauche, une position dans le champ visuel, propriétés qui paraissent communes à toutes les images de
l'esprit, et rendent encore plus intime le rapport de l'image
à la sensation.

III

Trois images qui se succèdent, la première évoquant la
seconde par ressemblance, et la seconde suggérant la troisième par contiguïté : voilà le raisonnement. Soumettez à
l'analyse un raisonnement quelconque, vous ne trouverez
pas autre chose au fond du creuset. Mais ce serait une
erreur de croire que ce processus est spécial au raisonnement. Loin de là. On le retrouve dans toutes les opérations intellectuelles ; c'est le thème unique sur lequel la
nature a brodé les variations infinies de notre pensée.

A la base de la psychologie, se trouvent les deux célè-
bres lois de l'association des idées. Elles sont, d'après
l'observation de Mill, de M. Bain, de M. Sully, mélangées
ensemble d'une façon si intime que jamais aucune d'elles
n'agit isolément. Considérons un cas de similarité proprement dit, un portrait rappelant l'original ; pour que les
deux images semblables ne se confondent pas l'une avec

l'autre, il faut que la seconde présente des traits un peu
différents ; et comment ces caractères différentiels seront-
ils rappelés ? Par contiguïté. Nous retrouvons ici nos trois
images et nos deux rapports de ressemblance et de contiguïté. Pour qu'un rapport de ressemblance soit perçu, il
faut qu'il soit suivi d'un rapport de contiguïté. Examinons
ensuite un cas de contiguïté. « Que faut-il, demande M. Bain,
pour que la vue d'une rivière nous rappelle son nom ? Il
faut que l'impression actuelle faite par la rivière restaure,
en vertu de la similarité, l'impression antérieure de la rivière à laquelle l'impression antérieure du nom était con-
tiguë. Supposez que cette renaissance de l'ancienne idée de
la rivière n'ait pas lieu à la nouvelle présentation, et le
lien de contiguïté n'aura pas l'occasion d'entrer en jeu. »
Voilà de nouveau nos trois images et nos deux rapports.
Pour qu'un rapport de contiguïté se produise, il faut qu'il
soit introduit par un rapport de ressemblance.

Comment se fait-il que ces rappels d'idée ne soient pas
des raisonnements, bien qu'ils en aient la structure ? A
vrai dire, je n'en sais rien. Peut-être, doit-on invoquer ce
que Lewes appelait l'*attitude de l'esprit ;* on ne s'attache,
dans une simple association d'idées, qu'à l'éveil d'une
image nouvelle ; au contraire, dans le raisonnement, on
tient plus de compte de l'association que cette nouvelle
image contracte avec la précédente.

La formation d'une idée générale présente le même phénomène d'*isomérie ;* on sait qu'elle provient de la réunion de
plusieurs images particulières qui se soudent par leurs
portions communes ; l'opération totale se compose donc
d'une association de ressemblance suivie d'une association
de contiguïté : c'est le même processus banal. Mais ici on
trouve entre l'idée générale et le raisonnement un rapprochement logique qui explique cette unité de composition ;
l'idée générale est un raisonnement en germe ; généraliser
un objet quelconque, c'est affirmer quelque chose de plus

que le résultat d'une expérience unique. L'idée générale
d'un arbre contient plus d'éléments que la vision d'un
arbre isolé ; elle renferme une conclusion implicite.

Tous ces phénomènes sont comme les premières ébauches
du raisonnement. Il en est d'autres, beaucoup plus complexes, qui présentent la même composition mentale. Pour
ne pas nous égarer dans des développements trop longs,
nous resterons dansles limites de l'étude de la perception
extérieure.

Jusqu'ici, nous avons admis que toute perception résulte
d'un raisonnement. Cette proposition n'est vraie qu'en
gros. En réalité, beaucoup d'autres actes peuvent pren
dre la forme d'une perception, c'est-à-dire se manifester
directement à la suite d'une impression des sens. On peut
rencontrer dans la perception : 1° un acte de souvenir;
2° une œuvre d'imagination.

1° Il n'y a point de distinction bien tranchée entre une
perception-souvenir et une perception-raisonnement. « Pour
le psychologue, dit M. Sully, c'est presque la même
chose qu'en visitant la Suisse, notre esprit soit occupé à
percevoir la distance d'une montagne, ou à *se rappeler*
quelque excursion agréable que nous y avons faite dans
un voyage précédent. Dans les deux cas, nous avons une
réapparition du passé, une reproduction d'une expérience
antérieure, un acte qui ajoute à l'impression présente un
produit de l'imagination, en prenant ce mot dans son
sens le plus large. Les deux cas nous offrent les mêmes
lois de reproduction ou d'association, c'est-à-dire une
association de ressemblance suivie d'une association de
contiguïté. » Plus loin, l'auteur ajoute une remarque
qui prouve combien ce phénomène est fréquent. « Quand
nous reconnaissons un objet ou une personne, notre état
d'esprit est ordinairement un état d'alternance entre deux
actes, d'une part la séparation de la perception et de l'image
mnémonique (ce qui constitue précisément le souvenir du

passé), et d'autre part la fusion de l'image et de la perception qui caractérise la reconnaissance (1). »

En quoi diffère un souvenir d'un raisonnement? C'est ce qu'il est difficile de déterminer. Nous saisissons bien plus facilement les analogies de ces deux actes que leurs différences. Tout ce que l'observation la plus attentive nous apprend, c'est que tantôt l'image suggérée est projetée et localisée dans le panorama du passé, dont elle paraît être un fragment, tantôt elle est rapportée à un objet présent, et se dépouille de son caractère d'ancienneté pour paraître actuelle.

2° Nous avons déjà parlé des perceptions fantaisistes. Ce ne sont point des faits rares, simple distraction d'oisif ; il faut y voir une des formes de ce goût des illusions agréables, qui parait invétéré en nous, car on le retrouve : chez l'homme adulte, dans les manifestations de l'art ; chez l'enfant, dans ses jeux (cache-cache, la petite guerre, la poupée, etc.) ; et même chez les jeunes animaux, dans leurs combats simulés. L'analyse montre que ces illusions volontaires se construisent par les mêmes procédés que les perceptions correctes : une association de ressemblance suivie d'une association de contiguïté. Quant aux caractères distinctifs, on ne les trouve que dans l'*attitude du moi* qui accompagne la perception des sens. L'esprit sait qu'il a affaire à une illusion, il ne la prend pas au sérieux. On comprend qu'il serait fort difficile d'analyser un état psychique aussi complexe.

Et maintenant, comment expliquer cette unité de composition entre des actes intellectuels qui ont des offices si différents à remplir ? Nous croyons qu'il faut faire intervenir ici la théorie de l'évolution. Il nous paraît probable que tous les phénomènes psychiques, si variés quand on les prend chez l'homme adulte et civilisé, sont sortis d'une

(1) *Op. cit.,* p. 166.

souche commune, et qu'ils tiennent de là leur unité de
composition. Mais quel peut bien être, dans les trois faits
que nous comparons, le fait primitif auquel les deux autres
se ramènent ? C'est celui qui est le plus nécessaire à l'a-
nimal dans sa lutte pour l'existence, c'est le raisonnement.

En effet, le raisonnement est, comme nous l'avons dit,
un sens supplémentaire, affranchi des conditions de temps
et d'espace. Grâce au raisonnement, on a la sensation des
objets extérieurs avant qu'ils arrivent en contact avec
l'organisme, ce qui permet de savoir d'avance quelle conduite il faut tenir ; qu'il s'agisse pour l'animal de la
poursuite de la nourriture, ou de la recherche de la
femelle, ou des intérêts de la défense, le raisonnement, et
le raisonnement perceptif en particulier, est la base d'une
préadaptation de l'individu à son milieu.

Le souvenir, comme vision dans le passé, offre moins
d'utilité que le raisonnement ; on a plus souvent besoin de
regarder en avant qu'en arrière ; c'est une sorte de raffine-
ment intellectuel que de contempler les choses du passé
en tant que passées, et sans les faire servir à l'explication
des faits présents. Aussi nous paraît-il probable que le souvenir n'est pas un fait primitif, mais surajouté ; il est sorti
du raisonnement à une époque où la lutte pour l'existence
est devenue moins impérieuse.

On peut en dire autant de l'imagination, comme faculté
de créer des assemblages d'images qui ne correspondent à
aucune réalité extérieure. Cette faculté doit appartenir à
un développement avancé, car elle n'est pas directement
utile à l'adaptation. Avant de se complaire aux fictions, il a
fallu songer à se nourrir, à se reproduire et à se défendre.
Donc, il faut rattacher l'imagination au raisonnement ;
c'est un raisonnement dévié de son but, faussé, créant des
chimères que nous ne cherchons pas à rectifier, parce
qu'elles nous plaisent ; c'est ainsi qu'une statue est un
mensonge dont nous aimons être la dupe.

En résumé, toutes les formes d'activité mentale se réduisent à une seule, — le raisonnement. La vie psychique est une continuelle conclusion. L'*esprit*, comme dit M. Wundt, *est une chose qui raisonne*.

IV

La théorie précédente explique le raisonnement par les propriétés des images et des sensations, et par ces propriétés seules. Elle ne fait pas intervenir autre chose ; c'est dire que l'expression « je raisonne » qu'on emploie si souvent est, prise à la lettre, assez impropre. Une collection de faits de conscience — le moi n'est pas autre chose — ne peut avoir aucune action sur un fait de conscience en particulier. Il est tout aussi inexact de dire que le jugement est l'acte par lequel l'esprit compare... C'est comme si l'on disait que la combinaison chimique est l'acte par lequel la chimie réunit deux corps. De même que la combinaison des corps résulte directement de leurs propriétés, de même les combinaisons mentales, et le raisonnement en particulier, résultent directement des propriétés des images.

On peut répéter ici ce que M. Ribot a dit de l'acte volontaire (1) : « Le « je veux », a-t-il remarqué, constate une situation, mais ne la crée pas. La Volition, que les psychologues antérieurs ont si souvent observée, analysée, commentée...., n'est la cause de rien. Les actes et mouvements qui la suivent résultent directement des tendances, sentiments, images et idées qui ont abouti à se coordonner

1) *Maladies de la volonté*, p. 175.

sous la forme d'un choix. C'est de ce groupe que vient
toute l'efficacité. » L'exactitude de ce point de vue est
encore plus apparente, si c'est possible, dans le domaine
du raisonnement. L'idée que nous nous faisons du raisonnement, l'attribution de cette opération à notre moi, à
notre personnalité, est un phénomène surajouté, et non une
partie essentielle de l'opération. Le « je raisonne » n'est
pas une cause, c'est un effet. Il manque chez l'enfant, chez
les ignorants et chez les millions de personnes qui n'ont
jamais fait de psychologie. Ceux-là n'ont jamais essayé
de se rendre compte qu'ils raisonnent et comment ils s'y
prennent pour raisonner. La chose leur est indifférente, ils
se contentent de raisonner sans se regarder faire.

Les intransigeants de la psychologie, ceux qui poussent
toute chose jusqu'au bout, ont soutenu qu'il faut dire : *Il
raisonne dans mon cerveau*, comme on dit : *il tonne dans le
ciel*. Ces expressions ne sont pas seulement ridicules, elles
sont inexactes, ce qui est pire ; la formation d'un moi,
comme centre et sujet de tous les phénomènes psychiques,
n'est pas une affaire de convention ; c'est un phénomène
naturel, qui se réalise chez tous les hommes. On ne doit
donc pas l'éliminer. M. Richet a observé que, dans les
expériences de suggestion hypnotique, on peut abolir et
métamorphoser la personnalité du sujet, sans pour cela
supprimer son *moi*, ce qui prouve que les deux choses
sont distinctes. Qu'on transforme le sujet en soldat,
en danseuse, en enfant, en évêque, ou en chèvre, il
prend tour à tour le langage et les gestes de ces différents
personnages, mais il ne cesse pas de dire « je » en parlant
de ses sensations et de ses actes, d'avoir un moi,
c'est-à-dire *une sorte de point d'insertion* pour toutes les
impressions sensitives et motrices qui se passent en lui
(Richet, *la Personnalité et la Mémoire dans le somnambulisme,
Revue philosophique*, mars 1883).

Jusqu'ici pas un mot n'a été dit du principe ou postulat

qui serait impliqué, selon beaucoup de penseurs, dans toute espèce de raisonnement, et légitimerait le passage du connu à l'inconnu. L'étude de ces principes tient une place importante dans les traités de logique. Par exemple, le postulat de toute induction serait *l'uniformité du cours de la nature.* En effet, dit-on, pour croire que ce qui s'est produit dans un cas particulier se reproduira dans tous les cas semblables, il faut au préalable croire « qu'il y a des cas parallèles dans la nature, que ce qui est arrivé une fois arrivera encore dans des circonstances suffisamment semblables, et de plus arrivera aussi souvent que les mêmes circonstances se présenteront (1) ».

On a répondu depuis longtemps que l'uniformité des lois de la nature ne nous a pas été apprise par une révélation surnaturelle ; c'est une connaissance très complexe qui manque à la plupart des hommes, et qui, chez ceux qui la possèdent, s'est formée tard, par une lente accumulation d'inductions partielles. Ce serait donc faire un cercle vicieux que de donner comme fondement à nos inductions le résultat d'une induction particulière, qui n'est ni constante, ni élémentaire, ni primitive.

Le véritable fondement du raisonnement doit être cherché dans la loi psychique qui le régit. L'organisation de notre intelligence est ainsi faite que, lorsque les prémisses d'un raisonnement sont posées, la conclusion en sort avec la nécessité d'un acte réflexe. En d'autres termes, nous raisonnons parce que nous avons dans notre cerveau une machine à raisonner. La légitimité de nos inférences n'a pas une base rationnelle, elle ne se démontre pas, car toute démonstration présuppose la légitimité du raisonnement. C'est là une vérité de bon sens.

Soyons plus précis ; dans le raisonnement, le premier rôle appartient aux images ; ce sont les images qui s'or-

---

(1) S. Mill, *Logique*, livre III, ch. III.

donnent en raisonnement, en vertu des propriétés qu'elles manifestent, quand elles sont mises en présence; ce sont elles qui forment spontanément, sous notre regard intérieur, le tableau du monde extérieur.

Cette conception dérive directement des faits qui remplissent ce livre. Nous avons montré que la similarité est une propriété des images, et nous avons dit avec M. Pilon qu'il fallait distinguer l'action de la ressemblance de la perception de la ressemblance (voir p. 116). Il résulte de cette distinction importante que la suggestion des images semblables est un premier fait d'automatisme; que la réunion et fusion d'images semblables en une image générique est un second fait d'automatisme; et que l'organisation des images semblables en raisonnement est un troisième fait d'automatisme. Dans tous ces cas, le moi n'intervient que quand l'œuvre est terminée. De même que « la ressemblance de deux images n'est perçue qu'après leur suggestion » (Pilon), de même, le raisonnement qu'elles forment en s'organisant n'est perçu qu'après sa formation.

S'il fallait user d'une comparaison pour représenter le mécanisme du raisonnement, nous citerions ces fleurs que le froid dessine sur les vitres des chambres. Faisons-les fondre avec notre haleine et observons ensuite la regélation de la couche liquide. Pendant que la cristallisation s'opère autour d'un premier cristal, « l'angle sous lequel les molécules se groupent en ligne droite a une valeur constante. Des branches pointues s'élancent du tronc, et de ces branches d'autres s'élancent aussi en pointe, mais l'angle compris entre les branches principales ou secondaires ne varie jamais (1) ». De même que ces cristallisations sont produites par des forces d'attraction inhérentes à chacune des molécules, de même le raisonnement est produit par les propriétés inhérentes à chacune des

(1) Tyndall, *la Lumière*, p. 111.

mages ; de même que la cristallisation, dans ses accidents les plus bizarres, observe toujours une certaine valeur angulaire, de même le raisonnement, vrai, faux ou fou, obéit toujours aux lois de la ressemblance et de la contiguïté.

Ceci admis, le raisonnement peut devenir inconscient sans qu'on soit obligé de supposer un changement profond du phénomène. Quand on admet que le raisonnement résulte d'une faculté de l'âme, est-il question plus embarrassante que d'expliquer l'inconscience de certains raisonnements ? A notre point de vue, rien n'est plus simple. Le raisonnement est une synthèse d'images. Les images sont la partie psychique d'un tout psycho-physiologique ; si elles manquent, le processus physiologique reste ; lui seul est essentiel, et il est suffisant. Le mécanisme physiologique joue, comme s'il était accompagné de son épiphénomène, la conscience ; il fait son œuvre sans bruit, et atteint aussi sûrement le résultat final.

On ne peut décrire ce processus physiologique. Nous en sommes encore aux hypothèses ; voici un schéma qui servira simplement à fixer les idées. Pour restreindre la question, prenons la perception visuelle d'un objet particulier.

Toute perception suppose des états antérieurs qui la préparent. Pour que nous puissions percevoir l'objet qui est devant nous, en reconnaître la nature, l'usage, etc., il faut que, par des expériences précédentes, nous ayons associé dans notre esprit l'image visuelle de cet objet ou d'un autre, du même genre, avec le cortège des images de toutes sortes qui en résument la connaissance. Comment exprimerons-nous en termes physiologiques le produit de ces expériences antérieures ? Les images ont le même siège cérébral que des sensations ; on peut supposer que chacune d'entre elles résulte de l'excitation de tel ou tel groupe de cellules prises dans les centres sensoriels de l'écorce. Désignons l'image visuelle de l'objet par aB ; ces deux lettres représenteront les deux cellules du centre de la vision qui sont supposées vibrer lorsque nous nous représentons l'objet visuellement ; par C D E F G H... nous désignerons les cellules qui servent de substratum aux autres images de l'objet, images tactiles, musculaires, etc.

Jusqu'ici l'hypothèse ne soulève point de difficultés. Mais jusqu'ici nous avons éliminé un élément essentiel, les *rapports*. L'analyse psychologique démontre qu'il existe un lien d'association entre les diverses images d'un objet ; c'est ce lien qui donne au groupe sa cohérence et son unité, et qui permet à un des attributs d'un objet de suggérer les autres, comme lorsque la voix d'une personne rappelle sa physionomie. Comment peut-on traduire physiologiquement cette association ? Comment deux impressions, par exemple de la vue et de l'ouïe, se lient-elles dans le cerveau ? Il faut pour cela qu'elles ne se cantonnent pas, l'une dans le centre visuel, l'autre dans le centre auditif. On a supposé que lorsque deux groupes de cellules — substratum de deux images — sont excités en même temps, l'onde nerveuse circule d'un groupe à l'autre par ces fibres de communication qui sont si nombreuses dans le cerveau. Ainsi, comme dit M. Fouillée, vont à la rencontre l'une de l'autre les deux ondulations produites dans une masse d'eau par deux pierres tombées à une faible distance. Il résulte de ce fait que le chemin entre les deux groupes cellulaires considérés est rendu plus facile aux ondes futures, et que lorsque, plus tard, un des deux groupes sera excité isolément, le courant qui en partira suivra cette voie de préférence à toute autre, comme étant la *ligne de moindre résistance* (Spencer). On a traduit de la sorte en termes physiologiques le fait élémentaire de l'association des idées. On a dit que les groupes cellulaires excités en même temps sont réunis par des *associations dynamiques* (Ribot) ou encore forment un seul et unique *cliché* (Taine).

Ainsi, dans notre exemple, il existe une association dynamique entre les cellules aB correspondant à l'image visuelle de l'objet et les cellules C D E F G H... correspondant aux sensations mécaniques que l'objet donne, quand on le prend.

Ajoutons un trait de plus, et l'hypothèse est complète. Nous n'avons pas encore parlé de la sensation excitatrice qui doit faire vibrer cette association de cellules. L'analyse nous a appris que, dans la perception extérieure, la sensation ressemble toujours en partie à la première image qu'elle évoque, c'est-à-dire à la vision antérieure, ou souvenir visuel du même objet, que nous avons désigné par aB. On peut donc désigner les cellules qui vibreront sous l'influence de la vision actuelle, par les lettres Aa : le petit a de cette formule est le nom de l'élément commun à la vision actuelle et à la vision passée ; car nous savons que la qualité psychique de la ressemblance a pour corrélatif physiologique l'identité de siège.

Lorsque la vision commence, l'onde nerveuse, après avoir parcouru le groupe cellulaire Aa, passe dans le groupe aB, grâce au point de jonction cellulaire que lui fournit la cellule a. En termes psychologiques, la vision de l'objet rappelle tout d'abord, par similarité, son souvenir visuel. Puis, l'onde nerveuse continue son chemin grâce aux associations dynamiques préétablies, et elle se répand dans les groupes cellulaires désignés par C D E F G H... ; en même temps, le souvenir de toutes les expériences anciennes monte dans l'esprit ; ce flot d'images s'associe à la vision du moment, et la *synthèse* psychique se fait.

Certes, une pareille conception du jeu des centres nerveux est une franche hypothèse ; nous n'avons aucun moyen d'observer ce qui se passe dans le cerveau d'un homme qui pense. Tout ce qu'on peut affirmer, c'est que le raisonnement pourrait être produit par le mécanisme décrit, car notre hypothèse neuro-physiologique est calquée sur l'analyse subjective du raisonnement. Ainsi le raisonnement pourrait être défini au point de vue physiologique : la continuation d'un processus dont la première phase (l'excitation des cellules A*a*) est la seule qui corresponde à un stimulant extérieur. C'est le pendant de la définition psychologique : le raisonnement est une extension de l'expérience.

Nous laissons au lecteur le soin de décider si cette théorie mécanique enlève à l'esprit toute activité, pour le réduire à un état purement passif. C'est un reproche qu'on a souvent fait à l'école anglaise, qui essaye d'expliquer tous les phénomènes de l'esprit par les lois de l'association. Mais qu'y a-t-il de fondé dans ce reproche ? Les images ne sont point des choses inertes et mortes, elles ont des propriétés actives ; elles s'attirent, elles s'enchaînent et se fusionnent. On a tort de faire de l'image un cliché photographique, fixe et immuable : c'est un élément vivant, quelque chose qui naît, qui se transforme, et qui pousse comme un de nos ongles et de nos poils. L'activité de l'esprit résulte de l'activité des images comme la vie de la ruche résulte de la vie des abeilles, ou plutôt comme la vie d'un organisme résulte de la vie des cellules.

TABLE DES MATIÈRES

CHAPITRE PREMIER.

DÉFINITION DE LA PERCEPTION

CHAPITRE II

LES IMAGES

CHAPITRE III

LE RAISONNEMENT DANS LA PERCEPTION

CHAPITRE IV

MÉCANISME DU RAISONNEMENT

CHAPITRE V

CONCLUSION

Tours. — Imprimerie E. Arrault et Cie.

ANCIENNE LIBRAIRIE GERMER BAILLIÈRE ET Cⁱᵉ

FÉLIX ALCAN, ÉDITEUR

108, boulevard Saint-Germain, Paris.

TRADUCTION FRANÇAISE

DES

OEUVRES DE M. HERBERT SPENCER

LES PREMIERS PRINCIPES

TRADUITS PAR E. CAZELLES

1 volume in-8° : 10 fr.

1ʳᵉ PARTIE. —
L'INCONNAISSABLE.

1. Religion et science.
2. Idées dernières de la religion.
3. Idées dernières de la science.
4. Relativité de toute connaissance.
5. Réconciliation.

2ᵉ PARTIE. —
LE CONNAISSABLE.

1. Définition de la philosophie.
2. Données de la philosophie.
3. Espace, temps, matière, mouvement et force.
4. Indestructibilité de la matière.
5. Continuité du mouvement.
6. Persistance de la force
7. Persistance des relations entre les forces.

8. Transformation et équivalence des forces.
9. Direction du mouvement.
10. Rythme du mouvement.
11. Récapitulation, problème dernier.
12. Évolution et dissolution.
13. Evolution simple et composée.
14. La loi d'évolution.
15. La loi d'évolution (suite).
16. La loi d'évolution (suite).
17. La loi d'evolution (fin).
18. Interprétation de l'évolution.
19. L'instabilité de l'homogène.
20. La multiplication des effets.
21. La ségrégation.
22. L'équilibre.
23. La dissolution.
24. Résumé et conclusion.

PRINCIPES DE BIOLOGIE

TRADUITS PAR E. CAZELLES

2 vol. in-8° : 20 fr.

TOME I

1ʳᵉ PARTIE. —
LES DONNÉES DE LA BIOLOGIE

1. La matière organique.
2. Actions des forces sur la matière organique.
3. Réaction de la matière organique sur les forces.

4. Essai d'une définition de la vie.
5. Correspondance de la vie avec le milieu.
6. Le degré de vie varie en raison du degré de la correspondance.
7. Le domaine de la biologie.

10.

PRINCIPES DE PSYCHOLOGIE

TRADUITS PAR MM. TH. RIBOT ET ESPINAS

2 vol. in-8° : 20 fr.

TOME I

TOME II

PRINCIPES DE SOCIOLOGIE

TRADUITS PAR MM. E. CAZELLES ET J. GERSCHEL

3 vol. in-8° : 32 fr. 50
(Les volumes se vendent séparément.)

TOME I (traduit par M. E. Cazelles).
1 vol. in-8. 10 fr.

maladies et de mort.
18. Inspiration, divination, exorcisme, sorcellerie.
19. Lieux sacrés, temples, autels, sacrifices, jeûnes, propitiation, louange, prière.
20. Culte des ancêtres en général.
21. Culte des idoles et des fé-

tiches.
22. Culte des animaux.
23. Culte des plantes.
24. Culte de la nature.
25. Divinités.
26. Théorie primitive des choses.
27. Domaine de la sociologie.

APPENDICES.

TOME II (traduit par MM. E. Cazelles et J. Gerschel)
1 vol. in-8. 7 fr. 50.

2° PARTIE. — SINDUCTIONS DE LA SOCIOLOGIE.

1. Qu'est-ce qu'une société ?
2. Une société est un organisme.
3. Croissance sociale.
4. Structure sociale.
5. Fonctions sociales.
6. Appareils d'organes.
7. Appareil producteur.
8. Appareil distributeur.
9. Appareil régulateur.
10. Types sociaux et constitutions.
11. Métamorphoses sociales.
12. Réserves et résumé.

3° PARTIE. — RELATIONS DOMESTIQUES.

1. Conservation de l'espèce.

2. Intérêts de l'espèce, des parents et du rejeton.
3. Rapports primitifs entre les sexes.
4. Exogamie et endogamie.
5. Promiscuité.
6. Polyandrie.
7. Polygynie.
8. Monogamie.
9. La famille.
10. Condition légale des femmes.
11. Condition légale des enfants.
12. Passé et avenir de la famille.

APPENDICES.

TOME III (traduit par M. E. Cazelles).
1 vol. in-8. 15 fr.

4° PARTIE. — INSTITUTIONS CÉRÉMONIELLES.

1. Des cérémonies en général.
2. Trophées.
3. Mutilations.
4. Présents.
5. Visites.
6. Salutations.
7. Compliments.
8. Titres.
9. Insignes et costumes.
10. Autres distinctions de classes.
11. Modes.
12. Passé et avenir du cérémonial.

5° PARTIE. — INSTITUTIONS POLITIQUES.

1. Préliminaires.
2. De l'organisation politique en général.
3. Intégration politique.
4. Differenciation politique.
5. Des formes et des forces politiques.
6. Les chefs politiques.
7. Des gouvernements composés.
8. Les corps consultatifs.
9. Les corps représentatifs.
10. Les ministères.
11. Organes de gouvernement local.
12. Systèmes militaires.

13. Appareils judiciaire et exécutif.
14. Les lois.
15. La propriété.
16. Le revenu public.

17. La société militaire.
18. La société industrielle.
19. Passé et avenir des institutions politiques.

LES BASES DE LA MORALE ÉVOLUTIONNISTE
1 vol. in-8°, 3e édit. : 6 fr.

1. La conduite en général.
2. L'évolution de la conduite.
3. La bonne et la mauvaise conduite.
4. Manières de juger la conduite.
5. Le point de vue physique.
6. Le point de vue biologique.
7. Le point de vue psychologique.
8. Le point de vue sociologique.

9. Critiques et explications.
10. La relativité des peines et des plaisirs.
11. L'égoïsme opposé à l'altruisme.
12. L'altruisme opposé à l'égoïsme.
13. Jugement et compromis.
14. Conciliation.
15. Morale absolue et morale relative.
16. Le domaine de la morale

DE L'ÉDUCATION INTELLECTUELLE, MORALE & PHYSIQUE
1 vol. in-8°, 5e édit. : 5 fr.

1. Quel est le savoir le plus utile.
2. De l'éducation intellectuelle.

3. De l'éducation morale.
4. De l'éducation physique.

Le même ouvrage, édition abrégée, à l'usage des instituteurs. 1 vol. in-32 de la *Bibliothèque utile*. Br. 60 c. — Cart. à l'anglaise 1 fr.

ESSAIS DE MORALE, DE SCIENCE ET D'ESTHÉTIQUE
3 volumes in-8°, TRADUITS PAR M. A. BURDEAU, 22 fr. 50
(Les volumes se vendent séparément.)

I. — ESSAIS SUR LE PROGRÈS
1 vol. in-8. 7 fr. 50.

1. Le progrès : loi et cause du progrès.
2. L'origine du culte des animaux.
3. L'utilité de l'anthropomorphisme.
4. Les manières et la mode.
5. Mœurs commerciales
6. L'utile et le beau.

7. La beauté dans la personne humaine.
8. La grâce.
9. La physiologie du rire.
10. Les origines des styles en architecture.
11. La philosophie du style.
12. Origine et fonction de la musique.

II. — ESSAIS DE POLITIQUE
1 vol. in-8. 7 fr. 50.

1. Trop de lois.
2. Le fétichisme en politique.
3. La « sagesse collective ».

4. Le gouvernement représentatif.
5. L'administration ramenée à sa fonction spéciale.

6. La réforme électorale : dangers et remèdes.
7. Immixtion de l'état dans le commerce de l'argent et dans les banques.

8. Morale de la prison.
9. Mœurs et procédés, d'administrations de chemins de fer.

III. — ESSAIS SCIENTIFIQUES
suivis de réponses aux objections sur les premiers principes.
1 vol. in-8. 7 fr. 50.

1. L'hypothèse du développement.
2. L'évolution selon M. Martineau.
3. L'hypothèse de la nébuleuse.
4. Qu'est-ce que l'électricité?
5. La constitution du soleil.
6. Les sophismes de la géologie.

7. La physiologie transcendante.
8. La physiologie comparée de l'humanité.
9. Objections touchant les principes premiers et réponses. Tableau par ordre chronologique des essais contenus dans les trois volumes.

CLASSIFICATION DES SCIENCES
TRADUIT PAR F. RÉTHORÉ
1 vol. in-18. 2e édit. : 2 fr. 50

1. Classification des sciences.
2. Post-scriptum en réponse aux critiques.

3. Pourquoi je me sépare d'Auguste Comte.
4. Des lois en général.

INTRODUCTION A LA SCIENCE SOCIALE
1 vol. in-8°. 6e édit., cart. à l'anglaise : 6 fr.

1. Nécessité de la science.
2. Y a-t-il une science sociale ?
3. Nature de la science sociale.
4. Difficultés de la science sociale.
5. Difficultés objectives.
6. Difficultés subjectives. — Intellectuelles.
7. Difficultés subjectives. — Émotionnelles.

8. Les préjugés de l'éducation.
9. Les préjugés du patriotisme.
10. Les préjugés de classe.
11. Le préjugé politique.
12. Les préjugés théologiques.
13. Discipline.
14. Préparation par la Biologie.
15. Préparation par la Psychologie.
16. Conclusion.

L'INDIVIDU CONTRE L'ÉTAT
TRADUIT PAR M. GERSCHEL
1 vol. in-18 : 2 fr. 50

1. Le nouveau torysme.
2. L'esclavage futur.
3. Les péchés des législateurs.

4. La grande superstition politique.
5. Post-scriptum.

—

ANCIENNE LIBRAIRIE GERMER BAILLIÈRE ET Cie
FÉLIX ALCAN, ÉDITEUR
108, Boulevard Saint-Germain, 108, PARIS

EXTRAIT DU CATALOGUE
MÉDECINE — SCIENCES — HISTOIRE — PHILOSOPHIE

I. — MÉDECINE ET SCIENCES.
A. — Pathologie médicale.

AXENFELD ET HUCHARD. **Traité des névroses.** 2e édition, augmentée de 700 pages, par HENRI HUCHARD, médecin des hôpitaux. 1 fort vol. in-8.　　　　　　　　　　　　20 fr.

BARTELS. Les maladies des reins, traduit de l'allemand par le docteur EDELMANN; avec préface et notes de M. le professeur LÉPINE. 1 vol. in-8, avec fig. 1884.　　　　　　15 fr.

BIGOT. Des périodes raisonnantes de l'aliénation mentale. 1 vol. in-8.　　　　　　　　　　　　　　10 fr.

BOTKIN. Des maladies du cœur. Leçons de clinique médicale faites à l'Université de Saint-Pétersbourg. 1 vol. in-8.　　3 fr. 50

BOTKIN. De la fièvre. Leçons de clinique médicale faites à l'Université de Saint-Pétersbourg. 1 vol. in-8.　　　　4 fr. 50

BOUCHARDAT. De la glycosurie ou diabète sucré, son traitement hygiénique, 1883, 2e édition. 1 vol. grand in-8, suivi de notes et documents sur la nature et le traitement de la goutte, la gravelle urique, sur l'oligurie, le diabète insipide avec excès d'urée, l'hippurie, la pimélorrhée, etc.　　　　　　15 fr.

BOUCHUT. Diagnostic des maladies du système nerveux par l'ophthalmoscopie. 1 vol. in-8, avec atlas colorié.　　　　　　　　　　　　　　　　　9 fr.

BOUCHUT ET DESPRÉS. **Dictionnaire de médecine et de thérapeutique médicales et chirurgicales** comprenant le résumé de la médecine et de la chirurgie, les indications thérapeutiques de chaque maladie, la médecine opératoire, les accouchements, l'oculistique, l'odontotechnie, les maladies d'oreilles, l'électrisation, la matière médicale, les eaux minérales, et un formulaire spécial pour chaque maladie. 4e édition, 1883, très augmentée. 1 vol. in-4, avec 918 fig. dans le texte et 3 cartes. Br. 25 fr.; cart. 27 fr. 50; relié, 29 fr.

CORNIL ET BRAULT. **Études sur la pathologie du rein.** 1 vol. in-8, avec 16 planches lithographiées hors texte, 1884. 12 fr.

CORNIL ET BABES. **Les bactéries pathogènes.** Leur rôle dans l'anatomie et l'histologie pathologiques des maladies infectieuses. 1 fort vol. in-8, avec un grand nombre de figures dans le texte et 27 planches en noir et en couleur hors texte. 1885.

DAMASCHINO. **Leçons sur les maladies des voies digestives.** 1 vol. in-8, 1880.   14 fr.

DESPRÉS. **Traité théorique et pratique de la syphilis**, ou infection purulente syphilitique. 1 vol. in-8.   7 fr.

DURAND-FARDEL. **Traité pratique des maladies chroniques.** 2 vol. gr. in-8.   20 fr.

DURAND-FARDEL. **Traité des eaux minérales** de la France et de l'étranger, et de leur emploi dans les maladies chroniques, 4e édition, 1885. 1 vol. in-8.   10 fr.

DURAND-FARDEL. **Traité pratique des maladies des vieillards.** 2e édition, 1 fort gr. vol. in-8.   14 fr.

FERRIER. **De la localisation des maladies cérébrales.** Traduit de l'anglais par H.-C. DE VARIGNY, suivi d'un mémoire de MM. CHARCOT et PITRES sur les *Localisations motrices dans les hémisphères de l'écorce du cerveau.* 1 vol. in-8 et 67 fig. dans le texte.   6 fr.

GARNIER. **Dictionnaire annuel des progrès des sciences et institutions médicales,** suite et complément de tous les dictionnaires. 1 vol. in-12 de 500 pages. 20e année, 1884.   7 fr.

GINTRAC. **Traité théorique et pratique des maladies de l'appareil nerveux.** 4 vol. gr. in-8.   28 fr.

GOUBERT. **Manuel de l'art des autopsies cadavériques,** surtout dans ses applications à l'anat. pathol., accompagné d'une lettre de M. le prof. Bouillaud. In-18 de 520 pages, avec 145 figures.   6 fr.

HÉRARD ET CORNIL. **De la phthisie pulmonaire,** étude anatomo-pathologique et clinique. 1 vol. in-8, avec figures dans le texte et planches coloriées. 2e édition (*sous presse*).

KUNZE. **Manuel de médecine pratique,** traduit de l'allemand par M. KNOERI. 1883, 1 vol in-18.   4 fr. 50

LANCEREAUX. **Traité historique et pratique de la syphilis.** 2e édition. 1 vol. gr. in-8, avec fig. et planches color. 17 fr.

MARTINEAU. **Traité clinique des affections de l'utérus.** 1 fort vol. gr. in-8.   14 fr.

MAUDSLEY. **Le crime et la folie.** 1 vol. in-8. 5e édit.   6 fr.

MAUDSLEY. **La pathologie de l'esprit,** traduit de l'anglais par M. GERMONT. 1 vol. in-8.   10 fr.

MURCHISON. **De la fièvre typhoïde,** avec notes et introduction du docteur H. GUÉNAUD DE MUSSY. 1 vol. in-8, avec figures dans le texte et planches hors texte.   10 fr.

NIEMEYER. **Éléments de pathologie interne et de thérapeutique,** traduit de l'allemand, annoté par M. Cornil. 3e édit, franç., augmentée de notes nouvelles. 2 vol. gr. in-8.   14 fr.

ONIMUS ET LEGROS. **Traité d'électricité médicale.** 1 fort
vol. in-8, avec figures dans le texte. 2ᵉ édition (*sous presse*).

RILLIET ET BARTHEZ. **Traité clinique et pathologique
des maladies des enfants.** 3ᵉ édit. refondue et augmentée,
par BARTHEZ et A. SANNÉ. Tome I, 1 fort vol. gr. in-8. 1884. 16 fr.

TARDIEU. **Manuel de pathologie et de clinique médicales.** 4ᵉ édition, corrigée et augmentée. 1 vol. gr. in-18. 8 fr.

TAYLOR. **Traité de médecine légale,** traduit sur la 7ᵉ édition
anglaise, par le Dʳ HENRI COUTAGNE. 1881. 1 vol. gr. in-8. 15 fr.

B. — Pathologie chirurgicale.

ANGER (Benjamin). **Traité iconographique des fractures
et luxations,** précédé d'une introduction par M. le professeur
Velpeau. 1 fort volume in-4, avec 100 planches hors texte, coloriées, contenant 254 figures, et 127 bois intercalés dans le texte.
Relié. 150 fr.

BILLROTH. **Traité de pathologie chirurgicale générale,**
traduit de l'allemand, précédé d'une introd. par M. le prof. VER-
NEUIL. 1880, 3ᵉ tirage. 1 fort vol. gr. in-8, avec 100 fig. dans le
texte. 14 fr.

DE ARLT. **Des blessures de l'œil,** considérées au point de
vue pratique et médico-légal. 1 vol. in-18. 3 fr. 50

GROSS. **Manuel du brancardier.** 1 vol. in-18, avec 92
figures. 3 fr. 50

HACHE. **Études cliniques sur les cystites.** 1 vol. in-8. 3 fr. 50

JAMAIN ET TERRIER. **Manuel de petite chirurgie.** 1880,
6ᵉ édit., refondue. 1 vol. gr. in-18 de 1000 pages, avec 450 fig. 9 fr.

JAMAIN ET TERRIER. **Manuel de pathologie et de clinique
chirurgicales.** 3ᵉ édition. Tome I, 1 fort vol. in-18. 8 fr.

   Tome II, 1 vol. in-18. 8 fr.

   Tome III, 1ᵉʳ fascicule. 1 vol. in-18. 4 fr.

LE FORT. **La chirurgie militaire** et les Sociétés de secours
en France et à l'étranger. 1 vol. gr. in-8, avec fig. 10 fr.

MAC CORMAC. **Manuel de chirurgie antiseptique,** traduit
de l'anglais par M. le docteur Lutaud. 1 fort vol. in-8. 1881. 6 fr.

MALGAIGNE. **Manuel de médecine opératoire.** 8ᵒ édition,
publiée par M. le professeur Léon Le Fort. 2 vol. grand in-18,
avec 744 fig. dans le texte. 16 fr.

MAUNOURY et SALMON. **Manuel de l'art des accouchements,** à l'usage des élèves en médecine et des élèves sages-
femmes. 3ᵒ édit. 1 vol. in-18, avec 115 grav. 7 fr.

NÉLATON. **Éléments de pathologie chirurgicale,** par M.
A. Nélaton, membre de l'Institut, professeur de clinique à la
Faculté de médecine, etc.

   Seconde édition, complètement remaniée, revue par les Dʳˢ JAMAIN,
PÉAN, DESPRÉS, GILLETTE et HORTELOUP. 6 forts vol. gr. in-8,
avec 795 figures dans le texte. 82 fr.

PAGET (sir James). **Leçons de clinique chirurgicale**, traduites de l'anglais par le docteur L.-H. Petit, et précédées d'une introduction de M. le professeur Verneuil. 1 vol. grand in-8. 8 fr.

PHILLIPS. **Traité des maladies des voies urinaires.** 1 fort vol. in-8, avec 97 fig. intercalées dans le texte. 10 fr.

RICHARD. **Pratique journalière de la chirurgie.** 1 vol. gr. in-8, avec 215 fig. dans le texte. 2e édit., 1880, augmentée de chapitres inédits de l'auteur, et revue par le Dr J. CRAUK. 16 fr.

ROTTENSTEIN. **Traité d'anesthésie chirurgicale**, contenant la description et les applications de la méthode anesthésique de M. PAUL BERT. 1 vol. in-8, avec figures. 10 fr.

SCHWEIGGER. **Leçons d'ophthalmoscopie**, avec 3 planches lith. et des figures dans le texte. In-8 de 144 pages. 3 fr. 50

SOELBERG-WELLS. **Traité pratique des maladies des yeux.** 1 fort vol. gr. in-8, avec figures. Traduit de l'anglais. 15 fr.

TERRIER. **Éléments de pathologie chirurgicale générale** 1er fascicule : *Lésions traumatiques et leurs complications.* 1 vol. in-8. 7 fr.

VIRCHOW. **Pathologie des tumeurs**, cours professé à l'université de Berlin, traduit de l'allemand par le docteur Aronssohn.

Tome Ier, 1 vol. gr. in-8, avec 106 fig. 12 fr.
Tome II, 1 vol. gr. in-8, avec 74 fig. 12 fr.
Tome III, 1 vol. gr. in-8, avec 49 fig. 12 fr.
Tome IV (1 fascicule), 1 gr. in-8, avec figures. 4 fr. 50

YVERT. **Traité pratique et clinique des blessures du globe de l'œil**, avec introduction de M. le Dr GALEZOWSKI. 1 vol. gr. in-8. 12 fr.

C. — Thérapeutique. Pharmacie. Hygiène.

BINZ. **Abrégé de matière médicale et de thérapeutique**, traduit de l'allemand par MM. Alquier et Courbon. 1 vol. in-12 de 335 pages. 2 fr. 50

BOUCHARDAT. **Nouveau formulaire magistral**, précédé d'une Notice sur les hôpitaux de Paris, de généralités sur l'art de formuler, suivi d'un Précis sur les eaux minérales naturelles et artificielles, d'un Mémorial thérapeutique, de notions sur l'emploi des contre-poisons et sur les secours à donner aux empoisonnés et aux asphyxiés. 1884, 25e édition, revue, corrigée. 1 vol. in-18., broché, 3 fr. 50 ; cartonné 4 fr. ; relié, 4 fr. 50.

BOUCHARDAT ET VIGNARDOU. **Formulaire vétérinaire**, contenant le mode d'action, l'emploi et les doses des médicaments simples et composés prescrits aux animaux domestiques par les médecins vétérinaires français et étrangers, et suivi d'un Mémorial thérapeutique 4e édit. 1 vol. in-18. (*sous presse*).

BOUCHARDAT. **Manuel de matière médicale, de thérapeutique comparée et de pharmacie.** 5e édition. 2 vol. gr. in-18. 16 fr.

BOUCHARDAT. Annuaire de thérapeutique, de matière médicale et de pharmacie pour 1885, contenant le résumé des travaux thérapeutiques et toxicologiques publiés pendant l'année 1884 et suivi de deux mémoires sur le *choléra asiatique* et sur l'*atténuation des virus.* 1 vol. gr. in-32. 45° année.
1 fr. 50

BOUCHARDAT. De la glycosurie ou diabète sucré, son traitement hygiénique. 1883, 2° édition. 1 vol. grand in-8, suivi de notes et documents sur la nature et le traitement de la goutte, la gravelle urique, sur l'oligurie, le diabète insipide avec excès d'urée, l'hippurie, la pimélorrhée, etc. 15 fr.

BOUCHARDAT. Traité d'hygiène publique et privée, basée sur l'étiologie. 1 fort vol. gr. in-8. 2° édition, 1883. 18 fr.

CORNIL. Leçons élémentaires d'hygiène privée, rédigées d'après le programme du Ministère de l'instruction publique pour les établissements d'instruction secondaire. 1 vol. in-18, avec figures. 2 fr. 50

DESCHAMPS (d'Avallon). Compendium de pharmacie pratique. Guide du pharmacien établi et de l'élève en cours d'études, comprenant un traité abrégé des sciences naturelles, une pharmacologie raisonnée et complète, des notions thérapeutiques, et un guide pour les préparations chimiques et les eaux minérales; un abrégé de pharmacie vétérinaire; une histoire des substances médicamenteuses, etc.; précédé d'une introduction par M. le professeur Bouchardat. 1 vol. gr. in-8 de 1160 pages environ. 20 fr.

D. — Anatomie. Physiologie. Histologie.

ALAVOINE. Tableaux du système nerveux. Deux grands tableaux, avec figures. 5 fr.

BAIN (Al.). Les sens et l'intelligence, traduit de l'anglais par M. Cazelles. 1 fort vol. in-8. 10 fr.

BASTIAN (Charlton). Le cerveau, organe de la pensée, chez l'homme et chez les animaux. 2 vol. in-8, avec 184 figures dans le texte. 1882. 12 fr.

BÉRAUD (B.-J.). Atlas complet d'anatomie chirurgicale topographique, pouvant servir de complément à tous les ouvrages d'anatomie chirurgicale, composé de 109 planches représentant plus de 200 gravures dessinées d'après nature par M. Bion, et avec texte explicatif. 1 fort vol. in-4.

Prix : fig. noires, relié, 60 fr. — Fig. coloriées, relié, 120 fr. Toutes les pièces, disséquées dans l'amphithéâtre des hôpitaux, ont été reproduites d'après nature par M. Bion, et ensuite gravées sur acier par les meilleurs artistes.

Le même ouvrage, texte anglais, même prix.

BÉRAUD (B.-J.) et ROBIN. Manuel de physiologie de l'homme et des principaux vertébrés. 2 vol. gr. in-18. 2° édition, entièrement refondue. 12 fr.

BÉRAUD (B.-J.) ET VELPEAU. **Manuel d'anatomie chirurgicale générale et topographique.** 2e éd. 1 vol. in-8 de
622 pages. 7 fr.

BERNARD (Claude). **Leçons sur les propriétés des tissus
vivants,** avec 94 fig. dans le texte. 1 vol. in-8. 8 fr.

BERNSTEIN. **Les sens.** 1 vol. in-8 de la *Bibliothèque scient.
intern.,* avec fig. 3e édit. Cart. 6 fr.

BURDON-SANDERSON, FOSTER ET BRUNTON. **Manuel du laboratoire de physiologie,** traduit de l'anglais par M. MOQUIN-
TANDON. 1 vol. in-8, avec 184 figures dans le texte. 1883. 14 fr.

CORNIL ET RANVIER. **Manuel d'histologie pathologique.**
2e édition. 2 vol. in-8 avec figures dans le texte. 30 fr.

FAU. **Anatomie des formes du corps humain,** à l'usage
des peintres et des sculpteurs. 1 atlas in-folio de 25 planches.
Prix : fig. noires, 15 fr. — Fig. coloriées. 30 fr.

FERRIER. **Les fonctions du cerveau.** 1 vol. in-8, traduit
de l'anglais par M. H.-C. de Varigny, avec 68 figures dans le
texte. 10 fr.

JAMAIN. **Nouveau traité élémentaire d'anatomie descriptive et de préparations anatomiques.** 3e édition.
1 vol. grand in-18 de 900 pages, avec 223 fig. intercalées dans
le texte. 12 fr. — Avec figures coloriées. 40 fr.

LEYDIG. **Traité d'histologie comparée de l'homme et
des animaux,** traduit de l'allemand par le docteur Lahillonne.
1 fort vol. in-8, avec 200 figures dans le texte. 15 fr.

LONGET. **Traité de physiologie.** 3e édition, 3 vol. gr. in-8,
avec figures. 36 fr.

MAREY. **Du mouvement dans les fonctions de la vie.**
1 vol. in-8, avec 200 figures dans le texte. 10 fr.

RICHET (Charles). **Physiologie des muscles et des nerfs.**
1 fort vol. in-8. 1882. 15 fr.

SCHIFF. **Leçons sur la physiologie de la digestion,** faites
au Muséum d'histoire naturelle de Florence. 2 vol. gr. in-8. 20 fr.

SULLY (James). **Les illusions des sens et de l'esprit.** 1 vol.
in-8, avec figures. 6 fr.

VULPIAN. **Leçons de physiologie générale et comparée du
système nerveux,** faites au Muséum d'histoire naturelle, recueillies et rédigées par M. Ernest BRÉMOND. 1 vol. in-8. 10 fr.

VULPIAN. **Leçons sur l'appareil vaso-moteur** (physiologie et
pathologie), recueillies par le Dr H. CARVILLE. 2 vol. in-8. 18 fr.

E. — Physique. Chimie. Histoire naturelle.

AGASSIZ. **De l'espèce et des classifications en zoologie.**
1 vol. in-8. 5 fr.

BERTHELOT. **La synthèse chimique.** 1 vol. in-8 de la *Bibliothèque scientifique internationale.* 4e édit. Cart. 6 fr.

BLANCHARD. **Les métamorphoses, les mœurs et les instincts des insectes**, par M. Emile Blanchard, de l'Institut, professeur au Muséum d'histoire naturelle. 1 magnifique vol. in-8 jésus, avec 160 fig. dans le texte et 40 grandes planches hors texte. 2e édit. Prix : broché, 25 fr. relié.   30 fr.

BOCQUILLON. **Manuel d'histoire naturelle médicale.** 1 vol. in-18 avec 415 fig. dans le texte.   14 fr.

COOKE et BERKELEY. **Les champignons**, avec 110 figures dans le texte. 1 vol. in-8 de la *Bibliothèque s cientifique internationale*. Cart. 3e édition.   6 fr.

DARWIN. **Les récifs de corail**, leur structure et leur distribution. 1 vol. in-8, avec 3 planches hors texte, traduit de l'anglais par M. Cosserat.   8 fr.

EVANS (John). **Les âges de la pierre.** 1 beau vol. gr. in-8, avec 467 figures dans le texte.   15 fr.

EVANS (John). **L'âge du bronze.** 1 fort vol. in-8, avec 540 figures dans le texte.   15 fr.

GRÉHANT. **Manuel de physique médicale.** 1 vol. in-18, avec 469 figures dans le texte.   7 fr.

GRÉHANT. **Tableau d'analyse chimique** conduisant à la détermination de la base et de l'acide d'un sel inorganique isolé avec les couleurs carastéristiques des précipités. In-4, cart.   3 fr. 50

GRIMAUX. **Chimie organique élémentaire.** 1881, 3e édit. 1 vol. in-18, avec figures.   5 fr.

GRIMAUX. **Chimie inorganique élémentaire.** 4e édit., 1885, 1 vol. in-18, avec figures.   5 fr.

HERBERT SPENCER. **Principes de biologie**, traduit de l'anglais par M. C. Cazelles. 2 vol. in-8.   20 fr.

HUXLEY. **La physiographie**, introduction à l'étude de la nature. 1 vol. in-8 avec 128 figures dans le texte et 2 planches hors texte. 1882.   8 fr.

LUBBOCK. **Origines de la civilisation**, état primitif de l'homme et mœurs des sauvages modernes, traduit de l'anglais. 3e édition. 1 vol. in-8, avec fig. Broché, 15 fr. — Relié.   18 fr.

PISANI (F.). **Traité pratique d'analyse chimique qualitative et quantitative**, à l'usage des laboratoires de chimie. 1 vol. in-12. 1880.   3 fr. 50

PISANI et DIRVELL. **La chimie du laboratoire.** 1 vol. in-8. 1882.   4 fr.

PREYER. **Éléments de physiologie générale.** Traduit de l'allemand par J. Soury. 1 vol. in-8. 1884.   5 fr.

QUATREFAGES (DE). **Charles Darwin et ses précurseurs français.** Étude sur le transformisme. 1 vol. in-8.   5 fr.

RICHE. **Manuel de chimie médicale.** 1880. 1 vol. in-18 avec 200 fig. dans le texte. 3e édition.   8 fr.

BIBLIOTHÈQUE DE L'ÉTUDIANT
EN MÉDECINE

COLLECTION D'OUVRAGES POUR LA PRÉPARATION
AUX EXAMENS DU DOCTORAT, DU GRADE D'OFFICIER DE SANTÉ
ET AU CONCOURS DE L'EXTERNAT ET DE L'INTERNAT

1er EXAMEN

(Physique, chimie, histoire naturelle.)

BOCQUILLON. — MANUEL D'HIS-
TOIRE NATURELLE MÉDICALE. 1 vol.
grand in-18, avec 415 figures. 14 fr.
LE NOIR. — HISTOIRE NATURELLE,
avec 255 figures dans le texte. 5 fr.
GRÉHANT. — MANUEL DE PHYSIQUE
MÉDICALE. 1 vol. gr. in-18, avec 469
figures dans le texte. 7 fr.
LE NOIR. — PHYSIQUE ÉLÉMENTAIRE,
avec 455 figures dans le texte. 6 fr.
RICHE. — MANUEL DE CHIMIE MÉDI-
CALE. 3e édit. 1880. 1 vol. in-18,
avec 200 figures dans le texte. 8 fr.

GRIMAUX. — CHIMIE ORGANIQUE ÉLÉ-
MENTAIRE. Leçons professées à la
Faculté de médecine. 1 vol. in-18.
3e édition. 5 fr.
GRIMAUX. — CHIMIE INORGANIQUE
ÉLÉMENTAIRE. 4e édit. 1 vol. in-18.
5 fr.
LE NOIR. — CHIMIE ÉLÉMENTAIRE.
1 vol. in-12, avec 69 fig. 3 fr. 50
PISANI. — TRAITÉ D'ANALYSE CHIMI-
QUE. 1 vol. in-18. 3 fr. 50
PISANI et DIRVEL. — LA CHIMIE DU
LABORATOIRE. 1 vol. in-18. 4 fr.

2e EXAMEN

1re PARTIE (anatomie, histologie).

JAMAIN. — NOUVEAU TRAITÉ ÉLÉ-
MENTAIRE D'ANATOMIE DESCRIPTIVE
ET DE PRÉPARATIONS ANATOMIQUES.
3e édit. 1 vol. gr. in-18, avec 223
figures dans le texte. 12 fr.

BERNARD (Claude). — LEÇONS SUR
LES PROPRIÉTÉS DES TISSUS VIVANTS,
faites à la Sorbonne. 1 vol. in-8,
avec 90 fig. dans le texte. 8 fr.

CORNIL et RANVIER. — MANUEL
D'HISTOLOGIE PATHOLOGIQUE. 2 vol.
gr. in 8. 2e édition. 30 fr.

HOUEL. — MANUEL D'ANATOMIE PA-
THOLOGIQUE GÉNÉRALE ET APPLI-
QUÉE, contenant : la description et
le catalogue du musée Dupuytren.
2e édit. 1 vol gr. in-18. 7 fr.

2e PARTIE (physiologie).

BÉRAUD et ROBIN. — MANUEL DE
PHYSIOLOGIE de l'homme et des
principaux vertébrés, répondant à
toutes les questions physiologiques
du programme des examens de
fin d'année. 2e édit. 2 vol. in-12.
12 fr.

LONGET. — TRAITÉ DE PHYSIOLOGIE.
2e édit. 3 vol. gr. in-8. 36 fr.

VULPIAN. — LEÇONS SUR LA PHYSIO-
LOGIE GÉNÉRALE ET COMPARÉE DU
SYSTÈME NERVEUX, faites au Mu-
séum d'histoire naturelle. 1 fort
volume in-8. 10 fr.
BURDON-SANDERSON, FOSTER et
BRUNTON. MANUEL DU LABORA-
TOIRE DE PHYSIOLOGIE. 1 vol. in-8,
avec figures. 14 fr.

3ᵉ EXAMEN

1ʳᵉ PARTIE (*médecine opératoire, pathologie externe, accouchements*).

MALGAIGNE et LE FORT. -- MANUEL DE MÉDECINE OPÉRATOIRE. 8ᵉ édition, avec 744 fig. dans le texte. 2 vol. gr. in-18. 16 fr.

NÉLATON. — ÉLÉMENTS DE PATHO-LOGIE CHIRURGICALE. 2ᵉ édition, revue par MM. les docteurs *Jamain, Péan, Després, Horteloup* et *Gillette*. 6 volumes gr. in-8. avec 795 figures dans le texte. 82 fr.

MAUNOURY et SALMON. — MANUEL DE L'ART DES ACCOUCHEMENTS. 3ᵉ édit. 1 vol. gr. in-18, avec 115 fig. 7 fr.

JAMAIN et TERRIER. — MANUEL DE PETITE CHIRURGIE. 6ᵉ édit., refondue. 1 vol. gr. in-18, avec 455 fig. 9 fr.

JAMAIN et TERRIER. — MANUEL DE PATHOLOGIE ET DE CLINIQUE CHIRURGICALES. 3ᵉ édition :
Tome I. 1 vol. in-18. 8 fr.
Tome II. 1 vol. in-18. 8 fr.
Tome III, 1ʳᵉ partie. 1 volume in-18. 4 fr.

BILLROTH. — TRAITÉ DE PATHOLOGIE CHIRURGICALE GÉNÉRALE, précédé d'une introduction par M. *Verneuil.* 1 fort vol. gr. in-18, avec 100 figures dans le texte. 14 fr.

VELPEAU et BERAUD. — MANUEL D'ANATOMIE CHIRURGICALE, GÉNÉRALE ET TOPOGRAPHIQUE. 3ᵉ édition, 1 vol. in-8. 7 fr.

2ᵉ PARTIE (*pathologie interne, pathologie générale*).

GINTRAC. — COURS THÉORIQUE ET PRATIQUE DE PATHOLOGIE INTERNE ET DE THÉRAPIE MÉDICALE. 9 vol. in-8. 63 fr.

NIEMEYER. — ÉLÉMENTS DE PATHO-LOGIE INTERNE, traduits de l'alle-mand, annotés par M. *Cornil.* 3ᵉ édit. française. 2 vol. gr. in-8. 14 fr.

TARDIEU. — 'MANUEL DE PATHO-LOGIE ET DE CLINIQUE MÉDICALES. 1 fort vol. in-18. 4ᵉ édit. 8 fr.

4ᵉ EXAMEN

(*Hygiène, médecine légale, thérapeutique, matière médicale, pharmacologie.*)

BINZ. — ABRÉGÉ DE MATIÈRE MÉDI-CALE ET DE THÉRAPEUTIQUE, traduit de l'allemand par MM. Alquier et Courbon. 1 vol. in-12 de 335 pages. 2 fr. 50

BOUCHARDAT. — MANUEL DE MA-TIÈRE MÉDICALE, DE THÉRAPEUTIQUE ET DE PHARMACIE. 5ᵉ édit. 2 vol. in-12. 16 fr.

CORNIL. — LEÇONS ÉLÉMENTAIRES D'HYGIÈNE PRIVÉE. 1 vol. in-18. 2 fr. 50

BOUCHARDAT. — TRAITÉ D'HYGIÈNE PUBLIQUE ET PRIVÉE BASÉE SUR L'ÉTIOLOGIE. 1 vol. gr. in-8. 2ᵉ édition. 18 fr.

TAYLOR. — TRAITÉ DE MÉDECINE LÉGALE, traduit de l'anglais par *H. Coutagne.* 1 vol. gr. in-8. 15 fr.

BOUCHARDAT. — NOUVEAU FORMU-LAIRE MAGISTRAL. 25ᵉ édition, cor-rigée, collationnée avec le nou-veau *Codex,* revue et augmentée de formules nouvelles et d'une note sur l'alimentation dans le diabète sucré, 1 volume in-18. 3 fr. 50
Cartonné 4 fr. — Relié 4 fr. 50.

DESCHAMPS. — MANUEL DE PHARMA-CIE ET ART DE FORMULER. 3 fr. 50.

5ᵉ EXAMEN

1ʳᵉ PARTIE (*cliniques externe, obstétricale, etc.*).

JAMAIN et TERRIER. — MANUEL DE PATHOLOGIE ET DE CLINIQUE CHI-RURGICALES. 3ᵉ édition. 2 vol. et 1ᵉʳ fascic. du t. III. 20 fr.

BOUCHUT et DESPRÉS. — DICTION-NAIRE DE MÉDECINE ET DE THÉRA-PEUTIQUE MÉDICALE ET CHIRURGI-CALE, comprenant le résumé de la médecine et de la chirurgie, les indications thérapeutiques de chaque maladie, la médecine opératoire, les accouchements, l'oculistique, l'odontotechnie, les maladies d'oreilles, l'électrisation, la matière médicale, les eaux minérales, et un formulaire spécial pour chaque maladie 4e édit., 1883. 1 vol. in-4, avec 918 figures dans le texte et 3 cartes. 25 fr.

MAUNOURY et SALMON. — MANUEL DE L'ART DES ACCOUCHEMENTS à l'usage des élèves en médecine et des élèves sages-femmes. 3e édit., avec 415 figures dans le texte. 7 fr.

2e PARTIE (clinique interne, anatomie pathologique).

GINTRAC (E.). — COURS THÉORIQUE ET CLINIQUE DE PATHOLOGIE INTERNE ET DE THÉRAPIE MÉDICALE. Tomes I à IX, 9 vol. gr. in-8. 63 fr.
Les tomes IV et V se vendent séparément. 14 fr.
Les tomes VI et VII (*Maladies du système nerveux*) se vendent séparément. 14 fr.
Les tomes VIII et IX (*Maladies du système nerveux*) se vendent séparément. 14 fr.

CORNIL et RANVIER. — MANUEL D'HISTOLOGIE PATHOLOGIQUE. 2 vol. gr. in-8, avec de nombreuses figures dans le texte. 2e édition. 30 fr.

GOUBERT. — MANUEL DE L'ART DES AUTOPSIES CADAVÉRIQUES, surtout dans ses applications à l'anatomie pathologique, précédé d'une lettre de M. le professeur *Bouillaud*. 1 vol. in-8 de 500 pages, avec 145 gravures dans le texte. 6 fr.

BERTON. — **Guide et Questionnaire de tous les examens de médecine,** avec les réponses des examinateurs eux-mêmes aux questions les plus difficiles; suivi des programmes des conférences pour l'*internat* et l'*externat*, avec de grands tableaux synoptiques inédits d'anatomie et de pathologie. 1 vol. in-18. 2e édit. 3 fr. 50

III. — BIBLIOTHÈQUE SCIENTIFIQUE INTERNATIONALE

PUBLIÉ SOUS LA DIRECTION DE M. ÉM. ALGLAVE

Volumes in-8, reliés en toile anglaise. — Prix : 6 fr.

Les mêmes, en demi-reliure d'amateur. 10 fr.

53 VOLUMES PARUS

1. J. TYNDALL. Les glaciers et les transformat. de l'eau, 4e éd.
2. W. BAGEHOT. Lois scientifiques du développement des nations, 4e édition.
3. J. MAREY. La machine animale, locomotion terrestre et aérienne, 2e édition, illustré.
4. A. BAIN. L'esprit et le corps considérées au point de vue de leurs relations, 4e édition.
5. PETTIGREW. La locomotion chez les animaux, illustré.
6. HERBER SPENCER. Introd. à la science sociale, 6e édit.
7. OSCAR SCHMIDT. Descendance et darwinisme, 3e édition.
8. H. MAUDSLEY. Le crime et la folie, 4e édition.
9. VAN BENEDEN. Les commensaux et les parasites dans le règne animal, 2e édition, illustré.

10. BALFOUR STEWART. La conservation de l'énergie, suivie d'une étude sur LA NATURE DE LA FORCE, par *P. de Saint-Robert*, 3e édition, illustré.
11. DRAPER. Les conflits de la science et de la religion, 7e éd.
12. Léon DUMONT. Théorie scientifique de la sensibilité, 3e éd.
13. SCHUTZENBERGER. Les fermentations, 4e édition, illustré.
14. WHITNEY. La vie du langage, 3e édition.
15. COOKE et BERKELEY. Les champignons. 3e éd., illustré.
16. BERNSTEIN. Les sens, 3e édition, illustré.
17. BERTHELOT. La synthèse chimique, 4e édition.
18. VOGEL. La photographie et la chimie de la lumière, 3e éd.
19. LUYS. Le cerveau et ses fonctions, 4e édition. illustré.
20. W. STANLEY JEVONS. La monnaie et le mécanisme de l'échange, 3e édition.
21. FUCHS. Les volcans et les tremblements de terre, 4e éd.
22. GÉNÉRAL BRIALMONT, La défense des États et les camps retranchés, 3e édition avec fig. et 2 pl. hors texte.
23. A. DE QUATREFAGES. L'espèce humaine, 7e édition.
24. BLASERNA et HELMHOLTZ. Le son et la musique, 2e éd.
25. ROSENTHAL. Les muscles et les nerfs, 3e édition, illustré.
26. BRUCKE et HELMHOLTZ. Principes scientifiques des beaux-arts, 3e édition, illustré.
27. WURTZ. La théorie atomique, 3e édition, illustré.
28, 29. WURTZ. Les étoiles. 2e édition, illustré.
30. N. JOLY. L'homme avant les métaux, 3e édit., illustré.
31. A. BAIN. La science de l'éducation, 4e édition.
32, 33. THURSTON et HIRSCH. Hist. de la machine à vapeur. 2e éd.
34. R. HARTMANN. Les peuples de l'Afrique, 2e édit., illustré.
35. HERBERT SPENCER. Les bases de la morale évolution-niste, 3e édition.
36. Th.-H. HUXLEY. L'écrevisse, introduction à l'étude de la zoologie, illustré.
37. DE ROBERTY. La sociologie.
38. O.-N. ROOD. Théorie scientifique des couleurs et leurs applications à l'art et à l'industrie, avec fig. et pl.hors texte.
39. DE SAPORTA et MARION. L'évolution du règne végétal (les cryptogames), illustré.
40, 41. CHARLTON-BASTIAN. Le système nerveux et la pen-sée. 2 vol. illustrés.
42. JAMES SULLY. Les illusions des sens et de l'esprit, illustré.
43. A. DE CANDOLLE. Origine des plantes cultivées, 2e édit.
44. YOUNG. Le Soleil, illustré.
45. 46. J. LUBBOCK. Les Fourmis, les Abeilles et les Guêpes.
47. Ed. PERRIER. La philos. zoologique avant Darwin, 2e éd.
48. STALLO. La matière et la physique moderne.
49. MANTEGAZZA. La physion. et l'expression des sentiments.
50. DE MEYER. Les organes de la parole, illustré.
51. DE LANESSAN. Introduction à la botanique. *Le sapin.*
52, 53. SAPORTA et MARION. L'évolution du règne végétal. *Les phanérogames.* 2 volumes illustrés.

IV. — BIBLIOTHÈQUE D'HISTOIRE CONTEMPORAINE.

Volumes in-18 à 3 fr. 50. — Volumes in-8 à 5 et 7 francs. Cartonnage toile, 50 c. en plus par vol. in-18, 1 fr. par vol. in-8.

EUROPE

HISTOIRE DE L'EUROPE PENDANT LA RÉVOLUTION FRANÇAISE, par *H. de Sybel*. Traduit de l'allemand par Mlle Dosquet. 4 vol. in-8 . . 28 fr.

FRANCE

HISTOIRE DE LA RÉVOLUTION FRANÇAISE, par *Carlyle*. 3 vol. in-18. 10 50
LA RÉVOLUTION FRANÇAISE, par *H. Carnot*. 1 vol. in-12. Nouv. édit.. 3 50
HISTOIRE DE LA RESTAURATION, par *de Rochau*. 1 vol. in-18. . . . 3 50
HISTOIRE DE DIX ANS, par *Louis Blanc*. 5 vol. in-8. . . . . 25 »
HISTOIRE DE HUIT ANS (1840-1848), par *Elias Regnault*. 3 vol. in-8. 15 »
HISTOIRE DU SECOND EMPIRE (1848-1870), par *Taxile Delord*. 6 volumes in-8 . . . . 42 fr.
LA GUERRE DE 1870-1871, par *Boert*. 1 vol. in-18. . . . . 3 50
LA FRANCE POLITIQUE ET SOCIALE, par *Aug. Laugel*. 1 volume in-8. 5 fr.
HISTOIRE DES COLONIES FRANÇAISES, par *P. Gaffarel*. 1 vol. in-8. 3ᵉ éd. . . . . 5 fr.
L'ALGÉRIE, par *M. Wahl*. 1 vol. in-8 . . . . 5 fr.

ANGLETERRE

HISTOIRE GOUVERNEMENTALE DE L'ANGLETERRE, DEPUIS 1770 JUSQU'A 1830, par sir *G. Cornewal Lewis*. 1 vol. in-8, traduit de l'anglais . . . 7 fr.
HISTOIRE CONTEMPORAINE DE L'ANGLETERRE, depuis la mort de la reine Anne jusqu'à nos jours, par *H. Reynald*. 1 vol. in-18. 2ᵉ éd. . . 3 50
LES QUATRE GEORGE, par *Thackeray*. 1 vol. in-18 . . . . 3 50
LOMBART-STREET, le marché financier en Angleterre, par *W. Bagehot*. 1 vol. in-18. . . . . 3 50
LORD PALMERSTON ET LORD RUSSEL, par *Aug. Laugel*. 1 vol. in-18. 3 50
QUESTIONS CONSTITUTIONNELLES (1873-1878), par *E.-W. Gladstone*, précédées d'une introduction par *Albert Gigot*. 1 vol. in-8. . . . . 5 fr.

ALLEMAGNE

LA PRUSSE CONTEMPORAINE, par *K. Hillebrand*. 1 vol. in-18 . . . 3 50
HISTOIRE DE LA PRUSSE, depuis la mort de Frédéric II jusqu'à la bataille de Sadowa, par *Eug. Véron*. 1 vol. in-18. 3ᵉ éd. 3 50
HISTOIRE DE L'ALLEMAGNE, depuis la bataille de Sadowa jusqu'à nos jours, par *Eug. Véron*. 1 vol. in-18, 2ᵉ éd. 3 50
L'ALLEMAGNE CONTEMPORAINE, par *Ed. Bourloton*. 1 vol. in-18.. . 3 50

AUTRICHE-HONGRIE

HISTOIRE DE L'AUTRICHE, depuis la mort de Marie-Thérèse jusqu'à nos jours, par *L. Asseline*. 1 vol. in-18. 2ᵉ éd. 3 50
HISTOIRE DES HONGROIS, et de leur littérature politique, de 1790 à 1815, par *Ed. Sayous*. 1 vol. in-18. . . . . 3 50

ESPAGNE

HISTOIRE DE L'ESPAGNE, depuis la mort de Charles III jusqu'à nos jours, par *H. Reynald*. 1 vol. in-18. . . . . 3 50

RUSSIE

LA RUSSIE CONTEMPORAINE, par *Herbert Barry*. 1 vol. in-18. . . .   3 50
HISTOIRE CONTEMPORAINE DE LA RUSSIE , par *M. Créhange*. 1 vol.
in-18 . . . .   3 50

SUISSE

LA SUISSE CONTEMPORAINE, par *H. Dixon*. 1 vol. in-18. . . . . .   3 50
HISTOIRE DU PEUPLE SUISSE, par *Daendliker,* précédée d'une Introduction
de M. *Jules Favre.* 1 vol. in-18. . . . .   5 fr.

AMÉRIQUE

HISTOIRE DE L'AMÉRIQUE DU SUD, par *Alf. Deberle.* 1 vol. in-18, 2ᵉ éd.   3 50
LES ETATS-UNIS PENDANT LA GUERRE, par *Aug. Laugel.* 1 vol. in-18.   3 50

Jules Barni. HISTOIRE DES IDÉES MORALES ET POLITIQUES EN FRANCE
AU XVIIIᵉ SIÈCLE. 2 vol. in-18, chaque volume 3 50
— NAPOLÉON Iᵉʳ ET SON HISTORIEN M. THIERS. 1 vol. in-18. . . . . .   3 50
— LES MORALISTES FRANÇAIS AU XVIIIᵉ SIÈCLE. 1 vol. in-18. . . .   3 50
Émile Beaussire. LA GUERRE ÉTRANGÈRE ET LA GUERRE CIVILE. 1 vol.
in-18. . . . .   3 50
J. Clamageran. LA FRANCE RÉPUBLICAINE. 1 volume in-18. .   3 50
E. de Laveleye. LE SOCIALISME CONTEMPORAIN. 1 vol. in-18. 3ᵉ éd.   3 50
E. Despois. LE VANDALISME RÉVOLUTIONNAIRE. 1 vol. in-18. 2ᵉ éd.   3 50
M. Pellet. VARIÉTÉS RÉVOLUTIONNAIRES. 1 vol. in-18 . . . . .   3 50

V. — BIBLIOTHÈQUE DE PHILOSOPHIE CONTEMPORAINE

Volumes in-18. Br., 2 fr. 50; cart. à l'angl., 3 fr.; reliés, 4 fr.

H. Taine.

Le Positivisme anglais, étude sur
Stuart Mill. 2ᵉ édition.
L'Idéalisme anglais , étude sur
Carlyle.
Philosophie de l'art dans les Pays-
Bas. 2ᵉ édition.
Philosophie de l'art en Grèce. 2ᵉ édi-
tion.

Paul Janet.

Le Matérialisme contemp. 4e édit.
La Crise philosophique. Taine, Re-
nan, Vacherot, Littré.
Philosophie de la Révolution fran-
çaise.
Le Saint-Simonisme.
Dieu, l'homme et la béatitude.
(*Œuvre inédite de Spinoza.*)
Origines du socialisme contempo-
rain.

Odysse Barrot.

Philosophie de l'histoire.

Alaux.

Philosophie de M. Cousin.

Ad. Franck.

Philosophie du droit pénal. 2ᵉ éd.
Philosophie du droit ecclésiastique.
La philosophie mystique en France
au XVIIIᵉ siècle.

Beaussire.

Antécédent de l'hégélianisme dans
la philosophie française.

Bost.

Le Protestantisme libéral.

Ed. Auber.

Philosophie de la médecine.

Leblais.

Matérialisme et spiritualisme.

Charles de Rémusat.

Philosophie religieuse.

Charles Lévêque.

Le Spiritualisme dans l'art.
La Science de l'invisible.

Émile Saisset.

L'âme et la vie, suivi d'une étude
sur l'Esthétique française.
Critique et histoire de la philosophie (frag. et disc.).

Auguste Laugel.
La Voix, l'Oreille et la Musique.
L'Optique et les Arts.
Les problèmes de la nature.
Les problèmes de la vie.
Les problèmes de l'âme.

Challemel-Lacour.
La philosophie individualiste.

Albert Lemoine.
Le Vitalisme et l'Animisme.
De la Physionomie et de la Parole.
L'Habitude et l'Instinct.

Milsand.
L'Esthétique anglaise.

A. Véra.
Philosophie hégélienne.

Ad. Garnier.
De la morale dans l'antiquité.

Schœbel.
Philosophie de la raison pure.

Tissandier.
Des Sciences occultes et du Spiritisme.

Ath. Coquerel fils.
Premières transformations historiques du christianisme.
La Conscience et la Foi.
Histoire du Credo.

Jules Levallois.
Déisme et Christianisme.

Camille Selden.
La Musique en Allemagne.

Fontanès.
Le Christianisme moderne.

Stuart Mill.
Auguste Comte et la philosophie positive. 3e édition.
L'Utilitarisme.

Mariano.
La Philosophie contemp. en Italie.

Saigey.
La Physique moderne. 2e tirage.

E. Faivre.
De la variabilité des espèces.

Ernest Bersot.
Libre philosophie.

Albert Réville.
Histoire du dogme de la divinité de Jésus-Christ.

W. de Fonvielle.
L'astronomie moderne.

C. Coignet.
La morale indépendante.

Et. Vacherot.
La Science et la Conscience.

E. Boutmy.
Philosophie de l'architecture en Grèce.

Herbert Spencer.
Classification des sciences. 2e édit.
L'individu contre l'Etat.

Gauckler.
Le Beau et son histoire.

Max Müller.
La science de la religion.

Bertauld.
L'ordre social et l'ordre moral.
De la philosophie sociale.

Th. Ribot.
Les maladies de la mémoire, 3e édit.
Les maladies de la volonté. 3e édit.
Les maladies de la personnalité.

Bentham et Grote.
La religion naturelle.

Hartmann.
La Religion de l'avenir. 2e édition.
Le Darwinisme. 3e édition.

H. Lotze.
Psychologie physiologique.

Schopenhauer.
Le libre arbitre. 2e édition.
Le fondement de la morale. 2e édit.
Pensées et fragments. 5e édition.

Liard.
Les Logiciens anglais contemporains. 2e édit.

Marion.
J. Locke, sa vie, son œuvre.

O. Schmidt.
Les sciences naturelles et la philosophie de l'Inconscient.

Hæckel.
Les preuves du transformisme.
Psychologie cellulaire.

Pi y Margall.
Les nationalités.

Barthélemy-Saint-Hilaire
De la métaphysique.

A. Espinas.
Philosophie expérim. en Italie.

P. Siciliani.
Psychogénie moderne.

Leopardi.
Opuscules et Pensées.

A. Lévy.
Morceaux choisis des philosophes allemands.

Roisel.
De la substance.

Zeller.
Christian Baur et l'école de Tubingue.

Stricker.
Du langage et de la musique.

Volumes in-8. Br. à 5, 7 50 et 10 fr.; cart. angl., 1 fr. de plus par vol.; rel., 2 fr.

AGASSIZ
De l'espèce et des classifications. 1 vol. in-8. 5 fr.

STUART MILL
La philosophie de Hamilton. 1 fort vol. in-8. 10 fr.
Mes mémoires. 1 vol. in-8. 5 fr.
Système de logique déductive et inductive. 2 vol. in-8. 20 fr.
Essais sur la Religion. 1 vol. in-8, 2e édit. 5 fr.

DE QUATREFAGES
Ch. Darwin et ses précurseurs français. 1 vol. in-8. 5 fr.

HERBERT SPENCER
Les premiers principes. 1 fort vol. in-8. 10 fr.
Principes de psychologie, 2 vol. in-8. 20 fr.
Principes de biologie. 2 vol. in-8. 20 fr.
Principes de sociologie. 3 vol. in-8. 32 fr. 50
Essais sur le progrès. 1 vol. in-8. 7 fr. 50
Essais de politique. 1 vol. in-8, 2e édit. 7 fr. 50
Essais scientifiques. 1 vol. in-8 7 fr. 50
De l'éducation physique, intellectuelle et morale. 1 volume in-8, 5e édition. 5 fr.
Introduction à la science sociale. 1 vol. in-8, 6e édit. 6 fr.
Les bases de la morale évolutionniste. 1 vol. in-8, 3e éd. 6 fr.
Classification des sciences. 1 vol. in-18, 2e édition. 2 fr. 50
L'individu contre l'État. 1 vol. in-18. 2 fr. 50

AUGUSTE LAUGEL
Les problèmes (les problèmes de la nature, problèmes de la vie, problèmes de l'âme). 1 fort vol. in-8. 7 fr. 50

ÉMILE SAIGEY
Les sciences au XVIIIe siècle. La physique de Voltaire. 1 vol. in-8. 5 fr.

PAUL JANET
Les causes finales. 1 vol. in-8, 2e édition. 10 fr.

TH. RIBOT
L'hérédité psychologique. 1 vol. in-8, 2e édition. 7 fr. 50
La psychologie anglaise contemporaine. 1 vol., 3e éd. 7 fr. 50
La psychologie allemande contemporaine. 1 vol., 2e éd. 7 fr. 50

ALF. FOUILLÉE
La liberté et le déterminisme. 1 vol. in-8, 2e édit. 7 fr. 50
Critique des systèmes de morale contemporains. 1 vol. in-8. 1883. 7 fr. 50

DE LAVELEYE
De la propriété et de ses formes primitives. 1 vol. in-8. 7 fr. 50

BAIN (ALEX.)
La logique inductive et déductive. 2 vol. in-8, 2e édit. 20 fr.
Les sens et l'intelligence. 1 vol. in-8. 10 fr.
L'esprit et le corps. 1 vol. in-8, 4e édit. 6 fr.
La science de l'éducation. 1 vol. in-8, 4e édit. 6 fr.
Les émotions et la volonté. 1 fort vol. 10 fr.

MATTHEW ARNOLD
La crise religieuse. 1 vol. in-8. 7 fr. 50

BARDOUX
Les légistes, leur influence sur la société française. 1 vol. 5 fr.

ESPINAS (ALF.)
Des sociétés animales. 1 vol. in-8, 2e édition.   7 fr. 50
FLINT
La philosophie de l'histoire en France. 1 vol. in-8.   7 fr. 50
La philosophie de l'histoire en Allemagne. 1 vol. in-8. 7 fr. 50
LIARD
La science positive et la métaphysique. 1 vol. in-8.   7 fr. 50
Descartes. 1 vol. in-8.   5 fr.
GUYAU
La morale anglaise contemporaine. 1 vol. in-8, 2e éd. 7 fr. 50
Les problèmes de l'esthétique contemporaine. 1 vol. in-8. 5 fr.
Esquisse d'une morale sans obligation ni sanction. 1 vol. in-8.
   5 fr.
HUXLEY
Hume, sa vie, sa philosophie. 1 vol. in-8.   5 fr.
E. NAVILLE
La physique moderne. 1 vol. in-18.   5 fr.
La logique de l'hypothèse. 1 vol. in-8   5 fr.
ET. VACHEROT
Essais de philosophie critique. 1 vol. in-8.   7 fr. 50
La religion. 1 vol. in-8.   7 fr. 50
MARION
La solidarité morale. 1 vol. in-8, 2e édit.   5 fr.
SCHOPENHAUER
Aphorismes sur la sagesse dans la vie. 1 vol. in-8.   5 fr.
De la quadruple racine du principe de la raison suffisante.
1 vol. in-8   5 fr.
BERTRAND (A.)
L'aperception du corps humain par la conscience. 1 v. in-8. 5 fr.
JAMES SULLY
Le pessimisme. 1 vol. in-8.   7 fr. 50
BUCHNER
Science et nature. 1 vol. in-8, 2e édition.   7 fr. 50
EGGER (V.)
La parole intérieure. 1 vol. in-8.   5 fr.
LOUIS FERRI
La psychologie de l'association, depuis Hobbes jusqu'à nos
jours. 1 vol. in-8.   7 fr. 50
MAUDSLEY
La pathologie de l'esprit. 1 vol. in-8.   10 fr.
SÉAILLES
Essai sur le génie dans l'art. 1 vol. in-8.   5 fr.
CH. RICHET
L'homme et l'intelligence. 1 vol. in-8.   10 fr.
PREYER
Éléments de physiologie. 1 vol. in-8.   5 fr.
WUNDT
Éléments de psychologie physiologique. 2 vol. in-8.   20 fr.
E. BEAUSSIRE
Les principes de la morale. 1 vol. in-8.   5 fr.

Coulommiers. — Imp. P. Brodard et Gallois.